北大老讲座

滕浩 选编

当代世界出版社

责任编辑：高玉琪
封面设计：蒋宏工作室

图书在版编目（CIP）数据

北大老讲座/滕浩选编．—北京：当代世界
出版社，2011.7
ISBN 978-7-5090-0720-4

Ⅰ．①北… Ⅱ．①滕… Ⅲ．①社会科学－文集
Ⅳ．①C53

中国版本图书馆 CIP 数据核字（2011）第 090086 号

版权声明

本书在编辑过程中，已取得了绝大多数著作权人的同意，尚余少数著作权人无法与其取得联系，为了尊重著作权，特委托北京版权代理有限责任公司向权利人转付稿酬。请您与北京版权代理有限责任公司联系并领取稿酬。联系方式如下：

吴先生
北京版权代理有限责任公司
北京海淀区知春路 23 号量子银座 1403 室
邮编：100191
电话：86（10）82357059/58/57　　传真：86（10）82357055
网址：www.bookpod.cn

出版发行：	当代世界出版社
地　　址：	北京市复兴路 4 号（100860）
网　　址：	http://www.worldpress.com.cn
编务电话：	（010）83907528
发行电话：	（010）83908410（传真）
	（010）83908408
	（010）83908409
经　　销：	全国新华书店
印　　刷：	北京欣睿虹彩印刷有限公司
开　　本：	700 毫米×960 毫米　1/16
印　　张：	13.5
字　　数：	152 千字
版　　次：	2012 年 4 月第 1 版
印　　次：	2012 年 4 月第 1 次
书　　号：	ISBN 978-7-5090-0720-4
定　　价：	23.80 元

如发现印装质量问题，请与承印厂联系调换。
版权所有，翻印必究，未经许可，不得转载！

目 录

北京大学和学生运动 …………………………… 蒋梦麟（1）
什么是教育的出产品 …………………………… 蒋梦麟（13）
"五四"二十五年 ………………………………… 傅斯年（21）
我在北京大学的经历 …………………………… 蔡元培（26）
以美育代宗教说 ………………………………… 蔡元培（36）
男女平权的问题 ………………………………… 蔡元培（42）
新教育 …………………………………………… 陶行知（44）
新教育之精神等三论 …………………………… 陈独秀（54）
孔子与中国 ……………………………………… 陈独秀（68）
东西文明异同论 ………………………………… 辜鸿铭（82）
中国文明的历史发展 …………………………… 辜鸿铭（91）
造成伟大民族的条件 …………………………… 许地山（99）
我之文学改良观 ………………………………… 刘半农（108）
留别北大学生的演说 …………………………… 刘半农（123）
魏晋风度及文章与药及酒之关系 ……………… 鲁　迅（126）
未有天才之前 …………………………………… 鲁　迅（142）
流氓与文学 ……………………………………… 鲁　迅（146）
史学与哲学 ……………………………………… 李大钊（148）

庶民的胜利 …………………………………… 李大钊（160）

人种问题 ……………………………………… 李大钊（163）

泰戈尔 ………………………………………… 徐志摩（165）

学术救国 ……………………………………… 胡　适（172）

少年中国之精神 ……………………………… 胡　适（177）

好政府主义 …………………………………… 胡　适（181）

陈独秀与文学革命 …………………………… 胡　适（188）

玄学与科学 …………………………………… 丁文江（193）

北京大学和学生运动

蒋梦麟

蒋梦麟（1886~1964），字兆贤，号孟邻，浙江余姚人。中国近现代著名的教育家。1903 年中秀才，次年考入上海南洋公学。1908 年赴美留学。1917 年获得哲学及教育学博士学位后回国。1919 年初，被聘为北京大学教育系教授，至 1945 年，在北京大学工作了二十余年。在几次主持北大期间，创设研究院，提出北大发展的三个方向，一要研究西学；二要整理国故；三要注意自然科学研究，设立最完备的实验室等，对北大的发展作出过一定的贡献。著有《孟邻文存》、《东土西潮》、《新潮》、《中国教育管理研究》等。

如果你丢一块石子在一池止水的漫中央，一圈又一圈的微波就会从中荡漾开来，而且愈漾愈远，愈漾愈大。北京曾为五朝京城，历时一千余年，因此成为保守势力的中心，慈禧太后就在这里的龙座上统治着全中国。光绪皇帝在 1898 年变法维新，结果有如昙花一现，所留下的惟一痕迹只是国立北京大学，当时称为京师大学堂或直呼为大学堂，维新运动短暂的潮水已经消退而成为历史陈迹，只留下一些贝壳，星散在这恬静的古都里，供人凭吊。但是在北京大学里，却结集着好些蕴蓄珍珠的活贝；由于命运之神的摆布，北京大学终于在短短三十年历史之内对中国文化与思想提供了重大的贡献。

在静水中投下知识革命之石的是蔡孑民先生（元培）。蔡先生在1916年（民国五年）出任北京大学校长，他是中国文化所孕育出来的著名学者，但是充满了西洋学人的精神，尤其是古希腊文化的自由研究精神。他的"为学问而学问"的信仰，植根于对古希腊文化的透彻了解，这种信仰与中国"学以致用"的思想造成强烈的对照。蔡先生对学问的看法，基本上是与中山先生的看法一致的，不过孙先生的见解来自自然科学，蔡先生的见解则导源于希腊哲学。

这位著名的学者认为美的欣赏比宗教信仰更重要。这是希腊文化与中国文化交融的一个耐人寻味的实例。蔡先生的思想中融合着中国学者对自然的传统爱好和希腊人对美的敏感，结果产生对西洋雕塑和中国雕刻的爱好；他喜爱中国的山水画，也喜爱西洋油画；对中西建筑和中西音乐都一样喜欢。他对宗教的看法基本上是中国人的传统见解：认为宗教不过是道德的一部分。他希望以爱美的习惯来提高青年的道德观念。这也就是古语所谓"移风易俗莫大于乐"的传统信念。高尚的道德基于七情调和，要做到七情调和则必须透过艺术和音乐或与音乐有密切关系的诗歌。

蔡先生崇信自然科学。他不但相信科学可以产生发明、机器，以及其他实益，他并且相信科学可以培养有系统的思想和研究的心理习惯，有了系统的思想和研究，才有定理定则的发现，定理定则则是一切真知灼见的基础。

蔡先生年轻锋芒很露。他在绍兴中西学堂当校长时，有一天晚上参加一个宴会，酒过三巡之后，他推杯而起，高声批评康有为、梁启超维新运动的不彻底，因为他们主张保存满清皇室来领导维新。说到激烈时，他高举右臂大喊道："我蔡元培可不这样。除非你推翻满清，任何改革都不可能！"

蔡先生在早年写过许多才华横溢、见解精辟的文章，与当时四平八稳、言之无物的科举八股适成强烈的对照。有一位浙江省老举人曾经告诉我，蔡元培写过一篇怪文，一开头就引用《礼记》里的"饮食男女，人之大欲存焉"一句。缴卷时间到时，他就把这篇文章缴给考官。蔡先生就在这场乡试里中了举人。后来他又考取进士，当时他不过三十岁左右。以后就成为翰林。

蔡先生晚年表现了中国文人的一切优点，同时虚怀若谷，乐于接受西洋观念。他那从眼镜上面望出来的两只眼睛，机警而沉着；他的语调虽然平板，但是从容、清晰、流利而恳挚。他从来不疾言厉色对人，但是在气愤时，他的话也会变得非常快捷、严厉、扼要——像法官宣判一样的简单明了，也像绒布下面冒出来的匕首那样的尖锐。

他的身材矮小，但是行动沉稳。他读书时，伸出纤细的手指迅速地翻着书页，似乎是一目十行的读，而且有过目不忘之称。他对自然和艺术的爱好使他的心境平静，思想崇高，趣味雅洁，态度恳切而平和，生活朴素而谦抑。他虚怀若谷，对于任何意见、批评，或建议都欣然接纳。

当时的总统黎元洪选派了这位杰出的学者出任北大校长。北大在蔡校长主持之下，开始一连串重大的改革。自古以来，中国的知识领域一直是由文学独霸的，现在，北京大学却使科学与文学分庭抗礼了。历史、哲学，和四书五经也要根据现代的科学方法来研究。为学问而学问的精神蓬勃一时。保守派、维新派,和激进派都同样有机会争一日之短长。背后拖着长辫,心理眷恋帝制的老先生与思想激进的新人物并坐讨论,同席笑谑。教室里,座谈会上,社交场合里,到处讨论着知识、文化、家庭、社会关系,和政治制度等等问题。

这情形很像中国先秦时代,或者古希腊苏格拉底和阿里斯多德时代的重演。蔡先生就是中国的老哲人苏格拉底,同时,如果不是全国到处有同情他的人,蔡先生也很可能遭遇苏格拉底同样的命运。在南方建有坚强根据地的国民党党员中,同情蔡先生的人尤其多。但是中国的和外国的保守人士却一致指责北京大学鼓吹"三无主义"——无宗教、无政府、无家庭——与苏格拉底被古希腊人指责戕害青年心灵的情形如出一辙。争辩不足以消除这些毫无根据的猜疑,只有历史才能证明它们的虚妄。历史不是已经证明了苏格拉底的清白无罪吗?

我已经提到蔡先生提倡美学以替代宗教,提倡自由研究以追求真理。北大文学院院长陈仲甫(独秀)则提倡赛先生和德先生,认为那是使中国现代化的两种武器。自由研究导致思想自由;科学破坏了旧信仰,民主则确立了民权的主张。同时,哲学教授胡适之(适)那时正在进行文学革命,主张以白话代替文言作表情达意的工具。白话比较接近中国的口语,因此比较易学、易懂。它是表达思想的比较良好也比较容易的工具。在过去知识原是士大夫阶级的专利品,推行白话的目的就是普及知识。白话运动推行结果,全国各地产生了无数的青年作家。几年之后,教育部并下令全国小学校一律采用白话为教学工具。

北大是北京知识沙漠上的绿洲。知识革命的种籽在这块小小的绿洲上很快地就发育滋长。三年之中，知识革命的风气已经遍布整个北京大学。

这里让我们追述一些往事。一个运动的发生，决不是偶然的，必有其前因与后果。在知识活动的蓬勃气氛下，一种思想上和道德上的不安迅即在学生之中发展开来。我曾经谈过学生如何因细故而闹学潮的情形，那主要是受了十八世纪以自由、平等、博爱为口号的法国政治思想的影响，同时青年们认为中国的迟迟没有进步，并且因而招致外国侵略应由清廷负其咎，因此掀起学潮表示反抗。

第一次学潮于1902年发生于上海南洋公学，即所谓罢学风潮。几年之后，这种学生反抗运动终至变质而流为对付学校厨子的"饭厅风潮"。最后学校当局想出"请君入瓮"的办法，把伙食交由学生自己办理。不过零星的风潮仍旧持续了十五六年之久。有一次"饭厅风潮"甚至导致惨剧。杭州的一所中学，学生与厨子发生纠纷，厨子愤而在饭里下了毒药，结果十多位学生中毒而死。我在惨案发生后去过这所中学，发现许多学生正在卧床呻吟，另有十多具棺木停放在操场上，等待死者家属前来认领葬殓。

表现于学潮的反抗情绪固然渐成过去，反抗力量却转移到革命思想上的发展，而且在学校之外获得广大的支持，终至发为政治革命而于1911年推翻清政权。

第二度的学生反抗运动突然在1919年（民国八年）5月4日在北京爆发。此即所谓五四运动。事情经过是这样的：消息从巴黎和会传到中国，说欧战中的战胜国已经决定把山东半岛上的青岛送给日本。青岛原是由中国租给德国的海港，欧战期间，日本从德国手中夺取青岛。中国已经对德宣战，战后这块租地自然毫无疑问地应该归还中国。消息传来，举国骚然。北京学生在一群北大学生领导下举行示威，反对签订凡尔赛和约。三千学生举行群众大会，并在街头游行示威，反对接受丧权辱国的条件，高喊"还我青岛！""抵制日货！""打倒卖国贼！"写着同样的标语的旗帜满街飘扬。

当时的北京政府仍旧在军人的掌握之下，仅有民主政体和议会政治的外表，在广州的中山先生的国民党以及其余各地的拥护者，虽然努力设法维护辛亥革命所艰辛缔造的民主政制，却未著实效。北京政府的要员中有三位敢犯众怒的亲日分子。他们的政治立场是尽人皆知的。这三位亲日分子——交通总长曹汝霖，驻日公使陆宗舆，和另一位要员章宗祥——结果就成为学生愤恨的对象，群众蜂拥到曹宅，因为传说那里正在举行秘密会议。学生破门而入，满屋子搜索这三位"卖国贼"。曹汝霖和陆宗舆从后门溜走了；章宗祥则被群众抓到打伤。学生们以为已经把他打死了，于是一哄而散，离去前把所有的东西砸得稀烂，并且在屋子里放了一把火。

这时武装警察和宪兵已经赶到，把屋子围得水泄不通。他们逮捕了六十位学生带往司令部，其余的一千多名学生跟在后面不肯散，各人自承应对这次事件负责，要求入狱。结果全体被关到北京大学第三院（法学院），外面由宪警严密驻守。

有关这次游行示威的消息，遭到严密的检查与封锁。但是有几个学生终于蒙过政府的耳目，透过天津租界的一个外国机构发出一通电报。这电报就是5号上海各报新闻的惟一来源。

5号早晨报纸到达我手里时，我正在吃早餐。各报的首页都

用大字标题刊登这条新闻,内容大致如下:

北京学生游行示威反对签订凡尔赛和约。三亲日要员曹汝霖、陆宗舆、章宗祥遭学生围殴。曹汝霖住宅被焚,数千人于大队宪警监视下拘留于北京大学第三院。群众领袖被捕,下落不明。

除此简短新闻外,别无其他报导。

这消息震动了整个上海市。当天下午,公共团体如教育会、商会、职业工会等纷纷致电北京政府,要求把那三位大员撤职,同时释放被捕或被扣的学生。第二天一整天,全上海都焦急地等待着政府的答复,但是杳无消息。于是全市学生开始罢课,提出与各团体相同的要求,同时开始进行街头演说。

第二天早晨,各校男女学生成群结队沿着南京路挨户访问,劝告店家罢市。各商店有的出于同情、有的出于惧怕,就把店门关起来了。许多人则仿照左邻右舍的榜样,也纷纷关门歇市。不到一个钟头,南京路上的所有店户都关上大门了,警察干涉无效。

罢市风声迅即蔓延开来,到了中午时,全上海的店都关了。成千成万的人在街头聚谈观望,交通几乎阻塞。租界巡捕束手无策。男女童子军代替巡捕在街头维持秩序,指挥交通。由剪了短发的女童子军来维持人潮汹涌的大街的秩序,在上海公共租界倒真是一件新鲜的事。中国人和外国人同样觉得奇怪,为什么群众这么乐意接受这些小孩子的指挥,而对巡捕们却大发脾气。

几天之内,罢课成为全国性的风潮。上海附近各城市的商店和商业机构全都关了门。上海是长江流域下游的商业中心。这个大都市的心脏停止跳动以后,附近各城市也就随着瘫痪,停止活动,倒不一定对学生表同情。

租界当局听说自来水厂和电灯厂的雇员要参加罢工,大起惊慌。后来经过商会和学生代表的调停,这些人才算被劝住没有罢工。各方压力继续了一个多星期,北京政府终于屈服,亲日三官员辞职,全体学生释放。

各地学生既然得到全国人士的同情与支持,不免因这次胜利而骄矜自喜。各学府与政府也从此无有宁日。北京学生获得这次胜利以后,继续煽动群众,攻击政府的腐败以及他们认为束缚青年思想的旧传统。学生们因为得到全国舆情的支持,已经战胜了政府。参加游行示威,反对签订凡尔赛条约,是每一个中国人都愿意做的事。学生们因为有较好的组织,比较敢言,比较冲动,顾虑比较少,所以打了头阵,并且因此拨动了全国人民的心弦。

亲日官员辞职,被捕学生释放,上海和其他各地的全面罢课罢市风潮歇止以后,大家以为"五四"事件就此结束,至少暂时如此。但是北京大学本身却成了问题。蔡校长显然因为事情闹大而感到意外,这时已经辞职而悄然离开北京。临行在报上登了一个广告引《白虎通》里的几句话说:"杀君马者道旁儿,民亦劳止,汔可小休。"他先到天津,然后到上海,最后悄然到了杭州,住在一个朋友的家里。住处就在著名的西湖旁边,临湖依山,环境非常优美,他希望能像传统的文人雅士,就此息影山林。虽然大家一再敦劝,他仍旧不肯回到北大。他说,他从来无意鼓励学生闹学潮,但是学生们示威游行,反对接受凡尔赛和约有关山东问题的条款,那是出乎爱国热情,实在无可厚非。至于北京大学,他认为今后将不易维持纪律,因为学生们很可能为胜利而陶醉。他们既然尝到权力的滋味,以后他们的欲望恐怕难以满足了。这就是他对学生运动的态度。有人说他随时准备鼓励学生闹风潮，那是太歪曲事实了。

他最后同意由我前往北京大学代理他的职务。我因情势所迫，只好勉强同意担负起这付重担。我于是在7月间偕学生会代表张国焘乘了火车，前赴北京。到了北京大学，初次遇见了当时北大学生、以后任台大校长的傅孟真（斯年），现在台湾任国史馆长的罗志希（家伦）。两位是北大"五四"的健将，不但善于谋略，而且各自舞着犀利的一支笔，好比公孙大娘舞剑似的，光芒四照。他们约好了好多同学，组织了一个新潮社，出版了一种杂志，叫做"新潮"，向旧思想进攻。我现在写《西潮》，实在自从"五四"以后，中国本土，已卷起了汹涌澎湃的新潮，而影响了中国将来的命运。然而"五四"之起因，实为第一次世界大战后，欧洲帝国主义之崩溃，以及日本帝国主义的猖狂。所以毕竟还是与西潮有关。

我到校以后，学生团体开了一个欢迎大会。当时的演说中，有如下一段：

……故诸君当以学问为莫大的任务。西洋文化先进国家到今日之地位，系累世文化积聚而成，非旦夕可成。千百年来，经多少学问家累世不断的劳苦工作而始成今日之文化。故救国之要道，在从事增进文化之基础工作，而以自己的学问功夫为立脚点，此岂摇旗呐喊之运动所可几？当法国之围困德国时，有德国学者费希德在围城中之大学讲演，而作致国民书曰："增进德国之文化，以救德国。"国人行之，遂树普鲁士败法之基础。故救国当谋文化之增进，而负此增进文化之责者，惟有青年学生。

暴风雨过去以后，乌云渐散，霁日重视，蔡先生也于九月间重回北大复职视事。

北大再度改组,基础益臻健全。新设总务处,由总务长处理校中庶务。原有处室也有所调整,使成为一个系统化的有机体,教务长负责教务。校中最高立法机构是评议会,会员由教授互选:教务长、总务长,以及各院院长为当然会员。评议会有权制订各项规程,授予学位,并维持学生风纪。各行政委员会则负责行政工作。北大于是走上教授治校的路。学术自由、教授治校,以及无畏地追求真理,成为治校的准则。学生自治会受到鼓励,以实现民主精神。

此后七年中,虽然政治上狂风暴雨迭起,北大却在有勇气、有远见的人士主持下,引满帆篷,安稳前进。图书馆的藏书大量增加,实验设备也大见改善。国际知名学者如杜威和罗素,相继应邀来校担任客座教授。

这两位西方的哲学家,对中国的文化运动各有贡献。杜威引导中国青年,根据个人和社会的需要,来研究教育和社会问题。无庸讳言的,以这样的方式来考虑问题,自然要引起许多其他的问题。在当时变化比较迟钝的中国实际社会中自然会产生许多纠纷。国民党的一位领袖胡汉民先生有一次对我说,各校风潮迭起,就是受了杜威学说的影响。此可以代表一部分人士,对于杜威影响的估计。他的学说使学生对社会问题发生兴趣也是事实。这种情绪对后来的反军阀运动却有很大的贡献。

罗素则使青年人开始对社会进化的原理发生兴趣。研究这些进化的原理的结果,使青年人同时反对宗教和帝国主义。传教士和英国使馆都不欢迎罗素。他住在一个中国旅馆里,拒绝接见他本国使馆的官员。我曾经听到一位英国使馆的官员表示,他们很后悔让罗素先生来华访问。罗素教授曾在北京染患严重的肺炎，医生们一度认为已经无可救药。他病愈后，我听到一位女传教士说："他好了么？那是很可惜的。"我转告罗素先生，他听了哈哈大笑。

第一次世界大战后，中国的思想界，自由风气非常浓厚，无论是研究社会问题或社会原理，总使惯于思索的人们难于安枕，使感情奔放的人们趋向行动。战后欧洲的西洋思想就是在这种气氛下介绍进来的。各式各样的"主义"都在中国活跃一时。大体而论，知识分子大都循着西方民主途径前进，但是其中也有一部分人受到1917年俄国革命的鼓励而向往马克思主义。《新青年》的主编陈独秀辞去北大文学院院长的职务，成为中国共产运动的领袖。反对日本帝国主义的运动也促使知识分子普遍同情俄国革命。第三国际于1923年派越飞到北京与中国知识分子接触。某晚，北京撷英饭店有一次欢迎越飞的宴会。蔡校长于席中致欢迎词时说："俄国革命已给予中国的革命运动极大的鼓励。"

俄国曾经一再宣布，准备把北满的中东铁路归还中国，并且希望中国能够顺利扫除军阀，驱逐侵略中国的帝国主义。苏俄对中国的这番好意，受到所有知识分子以及一般老百姓的欢迎。这种表面上友好表示的后果之一，就是为苏俄式的共产主义在中国铺了一条路。

在这同时，许多留学欧美大学的杰出科学家也纷纷回国领导学生，从事科学研究。教员与学生都出了许多刊物。音乐协会、艺术协会、体育协会、图书馆学会等等纷纷成立，多如雨后春笋。教授李守常（大钊）并领导组织了一个马克斯（思）主义研究会。当时北京报纸附栏，称这研究会为"马神庙某大学之牛克斯研究会",不过作为嘲笑之对象而已。马神庙者北京大学所在地也。此时北大已经敲开大门招收女生。北大是中国教育史上第一所给男女学生同等待遇的高等学府。教员和学生在学术自由和自由研究的空气里,工作得非常和谐而愉快。

  北大所发生的影响非常深远。北京古都静水中所投下的每一颗知识之石,余波都会到达全国的每一角落。甚至各地的中学也沿袭了北大的组织制度,提倡思想自由,开始招收女生。北大发起任何运动,进步的报纸、杂志,和政党无不纷起响应。国民革命的势力,就在这种氛围中日渐扩展,同时中国共产党也在这环境中渐具雏型。

什么是教育的出产品

蒋梦麟

我们以前听了俾斯麦说，德国的强盛，是小学教育的功。所以我们也来办小学，以为小学堂办几千个，中国就强了。后来听说日本的强盛，也从小学教育得来的，所以我们大家都信小学教育，好像一瓶万应如意油，一粒百病消散丸，灵验无比，吃了就百病消散。小学学生现有三百多万了，哪知道社会腐败，比前一样，国势衰弱，比前一样，这是什么缘故呢？（据民国十八年度统计，全国小学及幼稚园的学生，已达八百九十万人）。

第一是人数太少，中国四万万人，若以五分之一人小学计算，须有八千万人。这三百多万，只能占百分之四，还有百分之九十六的儿童没有受教育，哪里能够收小学教育的效果呢？第二是教育根本思想的误谬，我常常听见人说，学生是中国的主人翁，若是学生是中国的主人翁，谁是中国的奴隶呢？教育不是养成主人翁的。又有人说，教育是救国的方法，所以要小学生知道中国的危险，激发他们的爱国心；痛哭流涕的对小学生说，中国要亡了，这班天真烂漫的小学生，也不知中国是什么东西，只听得大人说"不好了"、"要亡了"这些话，也就悲哀起来；弄得正在萌芽，生气勃勃的小孩子，变成枯落的秋草！

"主人翁"、"枯落的秋草"两件东西，可算是我国办教育的出产品。

我们向来的教育宗旨,本来养成主人翁的。俗话说,"秀才,宰相之根苗。"向来最普通的小学教科书《神童诗》说:"朝为田舍郎,暮登天子堂"。我们又常常说,"范文正为秀才时,即以天下为己任"。个个秀才都要做宰相,个个田舍郎都想登天子堂,你看哪里有这许多位置呢?

我们向来读书的宗旨,却是要把活活泼泼的人,做成枯落的秋草。科举的功效,把天才的人才都入了毂中;读书的结果,把有用的人都变成了书呆了。这不像枯落的秋草么?

主人翁和枯落的秋草,本来是旧教育的出产品,也是新教育的出产品,不过方法不同罢了。

若以高一层论,读书是学做圣贤,王阳明幼时对先生说,"读书是学做圣贤"。若个个读书的人要做圣贤,国中要这许多圣人贤人做什么?我们现在的教育,还赶不上说这一层咧。

大学讲修身,齐家,治国,平天下,是中国教育的宗旨。到了后来,"规行矩步"、"束身自好"算修身;"父为子纲"、"夫为妇纲"、"三从四德"等等算齐家;愚民的"仁政"算治国。你看身哪里能修,家哪里能齐,国哪里能治呢?

现在要讲修身,要养成活泼泼的个人;要讲齐家,要夫妇平等,爸爸不要把儿子视作附属品;儿子不要把爸爸做子孙的牛马;要讲治国,先要打破牧民政策,采用民治主义。

并要把个人和家的关系改变过,创造一个进化的社会出来,个人是社会的分子;不是单在家庭之中,做父亲的儿子,儿子的父亲,母亲的女儿,女儿的母亲,老婆的丈夫,丈夫的妻子,把家庭国家,认作社会的两个机关,来发展个人和社会的幸福,不要用家庭国家来吞没个人，毁坏社会。

我们讲教育的，要把教育的出产品，明明白白，定个标准。预定要产什么物品，然后来造一个制造厂。不要拿来一架机器，就随随便便的来造物品。据我个人的观念，我们以前所产的"主人翁"，"枯草"，和所产的宰相圣贤，都是不对。我们所要的物品，是须备三个条件的人。

（一）活泼泼的个人——一个小孩子，本来是活泼泼的，他会笑，会跳，会跑，会玩耍。近山就会上山去采花捕蝶；近水就会去捞水草，拾蚌壳，捕小鱼；近田就会去捕蝗虫，青蛙。他对于环境，有很多兴会。他的手耐不住的摸这个，玩那个；脚耐不住的要跑到这里，奔到那里，眼耐不住的要瞧这个，看那个；口关不住的要说这样，那样；你看如何活泼。我们办学校的，偏要把他捉将起来，关在无山，无水，无虫，无花，无鸟的学校里；把他的手脚绑起来，使他坐在椅上不能动；把他的眼遮起来，使他看不出四面关住的一个课堂以外；要他的口来念"天地元黄，宇宙洪荒"，"人之初，性本善"，种种没意义的句子。现在改了"一只狗"，"一只猫"，"哥哥读书，妹妹写字"，这些话，就算是新式教科书了。还有讲历史的时候，说什么"黄帝擒蚩尤"这些话，小孩子本不识谁是黄帝，更不识谁是蚩尤。孩子听了，好像火星里打来的一个电报。还有叫他唱"陀，来，米，发，索，拉，西"的歌；叫他听"咿唎呜噜"响的风琴。不如小孩儿素来所唱的"萤火虫，夜夜红，给我做盏小灯笼"好得多。二十五块钱的坏风琴，不如几毛钱的笛和胡琴好得多。小儿的生长，要靠着在适当的环境里活动。现在我们把他送入"牢监"里束缚起来，他如何能生长。明代王阳明也见到这个道理，他说："大抵童子之情，乐嬉戏而惮拘检。如草木之始萌芽，舒畅之则条达，摧挠之则衰萎。今教童子必使其趋向鼓舞，中心喜悦，则其进自不能已。譬之时雨春风，霑被草木，莫不萌动发育，自然日长月化。若冰霜剥落，则生意萧索，日就枯槁矣。……若近世之训蒙稺者，日惟督以句读课做，责其检束，而不知导之以礼；求其聪明，而不知养之以善；鞭挞绳缚，若待拘囚，彼视学舍，如囹狱而不肯入，视师长如寇仇而不欲见，……是盖驱之于恶，而求其为善也，可得乎哉？"德国福禄培创教养儿童自然的法儿，他设了一个学校，用各种方法，使儿童自然发长；他不知道叫这学校做什么，一日他在山中游玩，看见许多花木，都发达的了不得；他就叫他的学校做幼稚园（Kindergarden）。"kinder"是儿童，"garden"是花园。幼稚园的意思是"儿童的花园"，后来哪知道渐渐变为"儿童的监狱"。我们把儿童拿到学校里来，只想他得些知识，忘记了他是活泼泼的一个孩子，就是知识一方面，也不过识几个字罢了。

无论在小学里，或在中学里，我们要认定学生本来是活的，他们的体力、脑力、官觉、感情，自一天一天的发展。不要用死书来把他们的生长力压住。我们都知道现在中学卒业的学生，眼多近了，背多曲了。学级进一年，生气也减一年。这是我们中国教育的出产品！

（二）能改良社会的个人——个人生在世上，终逃不了社会，所以社会良不良，和个人的幸福很有关系。若我但把个人发展，忘却了社会，个人的幸福也不能存在。中国办学的一个难处，就是社会腐败。这腐败社会的恶习，多少终带些入学校里来。所以学校里的团体，终免不了社会上一种流行的恶习，不过比较的好些罢了。学校是社会的镜子,在这镜子里面瞧一瞧,可以见得社会上几分的恶现象。不过学校里的生活,终比社会上高一层,所以学生可以有改良社会的一个机会。学校须利用这个机会,养成学生改良社会的能力。普通父母送子弟入学校的用意,是有两种希望。一种是为家庭增资产:以为"我的儿子"入了学校念了书,将来可以立身,为家增一个有用的分子;一种是为国家求富强,以为"我的儿子"求了学,将来可以为"拯世救民"的人才。第一种是家属主义的"余荫",第二种是仁政主义的"余荫"。学校的宗旨,虽不与此两种希望相反对,但不是一个注重点。学校的宗旨,是在养成社会良好的分子,为社会求进化。社会怎样才进化呢?个人怎样来参加谋社会进化的运动呢?这两个问题,是学校应该问的。社会怎样才进化这个问题,我们可暂时不讲,个人怎样来参加谋社会进化的运动,是我们现在应该研究的。我想要学生将来参加改良社会的运动,要从参加改良学校社会的运动做起。我讲到此,不得不提起学生自治问题了。学生自治,可算是一个习练改良学校社会的机会。我们现在讲改良社会,不是主张有一二个人,立在社会之上,操了大权,来把社会改良。这种仍旧是牧民制度,将来的结果是很危险的。教育未发达以前,或可权宜用这个方法,如山西阎百川的用民政治。但这个办法,是人存政存,人亡政息,不是根本的办法。江苏南通将来的危险也在这里。所以我们赞许阎百川治晋是比较的,不是单独的。若以单独的讲起来,这种用民政治,仍是一种"仁政主义"、"牧民政策"。我是很佩服阎百川的,我并不是批评他,但我希望他一面"用民",一面不要忘了这是权宜之计,将来终要渐渐儿改到民治方面去才好。我常常对人说,江浙两省,是江南富庶之地,兄弟之邦,得了两个兄弟省长,为何不照阎百川的办法来干一干呢?这种事情不干,如浙江的齐省长,没有事做,看了学生的一篇文,倒来小题大作。我想一省的省长,哪里有这种空功夫!

学生自治,是养成青年各个的能力,来改良学校社会。他们是以社会分子的资格,来改良社会,大家互助,来求社会的进化。不是治人,不是做主人翁;是自治,是服务。有人说,学生自治会里面,自己捣乱,所以自治会是不行的。我想自治会里边起冲突,是不能免的,这是一定要经过的阶段。况且与其在学校里无自治,将来在社会上捣乱,不如在学校中经过这个试验,比较的少费些时。

(三)能生产的个人——以前的教育,讲救国,讲做中国的主人翁,讲济世救民;最好的结果,不过养成迷信牧民政策的人才。不好的结果,自己做了主人翁,把国民当做奴隶;不来救国,来卖国;不来济世救民,来鱼肉百姓;到了后来,"只准州官放火,不许百姓点灯"。今后的教育,要讲生产,要讲服务,要知道劳工神圣。为什么要讲劳工神圣呢?因为社会的生产都靠着各个人劳力的结果,各个人能劳力,社会的生产自然就丰富了。假如大多数的人,都是"四体不勤,五谷不分",社会怎样能生存呢?又如杜威先生说,希腊文化很发达,科学的思想也很发达,何以希腊没有物质科学呢?何以物质科学到十九世纪才发展起来呢?因为希腊人瞧不起做工的人。瞧不起做工,就不会做试验;不会做试验,就没有物质科学了。我们中国,素来把政治道德两样合起来,做立国的中心,如孔子说的,"为政以德,譬如北辰,而众星拱之"。如孟子说的"王何必曰利,亦曰仁义而已矣"。都是道德和政治并提。我们的学校，也不外政治道德四个字。如孟子说，"立庠序之教，所以明人伦也：父子有亲，君臣有义，夫妇有别，长幼有序，朋友有信"。几千年来的教育宗旨，都是一个"拯世救民"的仁政主义，牧民政策：今天以百姓当羊，来牧他；明天羊肥了，就来吃他，你看中国几千年的"一治一乱"，不是羊瘦牧羊，羊肥吃羊的结果么？现在我们假设百姓是羊，我们要羊自己有能力来寻草吃，不要人来牧；那么羊虽肥，不怕人来吃他的肉。这是讲句笑话罢了，我们哪里可当百姓作羊？百姓都是活泼泼的人。我们把百姓能力增高起来，使他们有独立生产的能力，哪要人来施仁政，来牧他们？

要能独立生产，要先会工作，要知道劳工神圣。美国教员联合会现在已加入劳动联合会。这是全国教师承认教书也是劳工。凡有一种职业，为社会生产的，都是劳工。劳心劳力，是一样的。"劳心者役人，劳力者役于人"，这两句话，实在有分阶级的意思在里面，未免把劳力的人看得太轻了。把以上的话总括说一句，教育要定出产品的标准，这标准就是：

活泼泼的，能改良社会的，能生产的个人。如其他愿意对你们讲，他可以使你们知道这运动逐渐发展的情形，与他内在的生命。

至于音乐，我自己也算是一个音乐家。我曾经制作不少的诗歌，完全不顾正宗派音乐的原则，因此很多人都怪嫌我的莽撞，因为我所以大胆的缘故只为是不曾受过正式的训练。但是我还是继续我的工作。上帝容恕我因为我自己不知道我做的是什么。也许在艺术里工作这是最好的方法。因为我发现责备我的人他们自己先就唱我的歌。他们并不愿意喜欢我的歌，他们相信他们并不喜欢我的歌,但是他们还是免不了唱我的歌,虽则不一定唱得对。你们不要以为我的虚荣心大,因为我是虚心的,所以我能够客观地评判我自己,能够堂皇的称赞我自己的作品,因为我是嚷嚷的,所以我不迟疑地告诉你们,我的诗歌在我的国民的心里已经取得了永久的地位,像春天的鲜花们永远有他们的生命。而且不仅当代的,就是将来的人们,在他们欢欣或是忧伤的或是逢到喜庆的日子,我的歌调就会不期然的在他们的心里流出,他们忘不了我的声音,这也算是一个革命家的成就。

"五四"二十五年

傅斯年

> 傅斯年（1896～1950），教育家、史学家。字孟真，山东聊城人。初就学于北京大学。1919年在北大与人组建"新潮社"，创办《新潮》杂志，参加领导了"五四"运动。后留学英国的伦敦大学及德国的柏林大学。1926年回国后，任广州中山大学文学院院长，创建中山大学语言历史学研究所；1928年任中央研究院历史语言研究所所长兼《中央历史语言研究所集刊》主编。后任社会科学研究所所长、中央博物院筹备主任、北大代理校长等职。1949年任台湾大学校长。著有《傅斯年选集》、《傅孟真先生集》及《东北史纲》等。

今年的五月四日，是"五四"的第二十五年纪念。"五四"事件已经过去了一世纪的四分之一了。在这样变动剧烈的世界中，一世纪的四分之一，可以有无穷的大变化发生。即在中国，这变动也是空前的。所以若有人在今天依旧全称地、无择地讴歌"五四"，自是犯了不知世界演进国家演进的愚蠢，其情可怜。然而若果"五四"的若干含义，在今日仍有教训性而并未实现，或者大势正与之相反演进，自然不必即是国家之福，其事可虑。

"五四"在当时本不是一个组织严密的运动,自然也不是一个全无计划的运动,不是一个单一的运动,自然也不是一个自身矛盾的运动。这个情形明显地表现于其整个运动的成就上,所以消极方面的成就比积极方面的多。这正是许多人贬责"五四"运动的根据。我以为"五四"纵有许多弱点,许多未成熟处,但这个消极的贡献,却是极可宝贵的,也还是今天甚可警醒的。

　　何以呢?中国的存在有几千年,自有其长处,即是说,有使他寿命如此长久的缘故。但是,这个几千年的存在,论对外呢,究竟光荣的年代不及屈辱的年代多;论内政呢,内政的真正清明,如四川冬天之见太阳,"生民多艰",古今一致。所以恢复民族的固有道德,诚为必要,这是不容怀疑的。然而涤荡传统的瑕秽,亦为必要,这也是不容怀疑的。假如我们必须头上肩上背上拖着一个四千年的垃圾箱,我们如何还有气力做一个抗敌劳动的近代国民?如何还有精神去对西洋文明"迎头赶上去"?试问明哲保身的哲学,"红老哲"(《红楼梦》、《老子》世故之极之哲学),虚文哲学,样子主义,面子主义,八股主义,官僚主义,封闭五官主义,这样一切一切的哲学和主义,哪一件不是建设近代国家的障碍物?在洗刷这些哲学和主义,自须对于传统的事物重新估价一番。这正如尼采所说,"重估一切的价值"。自然,发动这个重新估价,自有感情的策动,而感情策动之下,必有过分的批评;但激流之下,纵有漩涡,也是逻辑上必然的,从长看来,仍是大道运行的必经阶段。今人颇有以为"五四"当年的这样重新估价有伤民族的自信心;不错,民族的自信心是必须树立的,但是,与其自信过去,而造些未曾有的历史奇迹,以掩护着夸大狂,如何自信将来,而一步一步地作我们建国的努力?这就是说，与其寄托自信心于新石器时代或"北京人"时代，何如寄自信心于今后的一百年？……

我何以说"五四"的若干含义在今天仍有教训性呢，大凡时代的进展，总不免一正一反，一往一复。最近十五年，东西的若干强国——今日全是我们的敌人——各自闹其特殊的国粹运动，我们也有我们的国粹运动，我们的国粹运动自与他们的不同，这因为我们的"国粹"与他们的"国粹"不同。我们的国粹运动所以生于近来是很可了解的，在颇小限度内，有它的用处，然若无节制地发挥起来，只是妨碍我们国家民族的近代化，其流弊无穷。随便举青年一事作例说吧。不是大家都说今日的青年总是犯了消沉、逐利、走险三条路吗？要想纠正这些，决不是用老药方所能济事的，无论这药方是汉学的威仪齐庄，或是宋学的明心见性，这个都打不动他的心坎，你说你的，他做他的。要想打动他的心坎，只有以行动启发其爱国心，启发其祈求社会公道心，为这些事，舍生取义是容易的事。总而言之，建设近代国家无取乎中世纪主义。日本在维新之初，除去积极的走向近代化以外，又弄一套"祭政一致"、"国体明徵"的神秘法门。日本之强，是他近代化之效，而把日本造成一个神道狂，因而把日本卷入这个自杀的战争中，便是这神秘法门的效用。难道这是可以效法的吗？所以中世纪主义也许可为某甲某乙以忽不勒汗的过程成其为呼图克图，而于全国家、全民族，是全无意义的。

"五四"的积极口号是"民主"与"科学"。在这口号中，检讨二十五年的成绩，真正可叹得很。"民主"在今天，已是世界大势所必趋，这篇短文中无法畅谈，只谈谈"科学"。注意科学不是"五四"的新发明，今天的自然科学家，很多立志就学远在

"五四"以前的。不过，科学成了青年的一般口号，自"五四"始，这口号很发生了它的作用，集体的自觉总比个人的嗜好力量大。所以若干研究组织之成立，若干青年科学家之成就，不能不说受这个口号的刺激。在抗战的前夕，若干自然科学在中国已经站稳了脚，例如地质、物理、生理、生物化学，而人文社会科学之客观研究，也有很快的进展。若不是倭鬼来扰，则以抗战前五年的速度论，中国今天可以有几个科学中心，可以有几种科学很像个样子了。即是说，科学的一般基础算有了。恰恰暴雨狂风正来在开花的前一夕。受战事的打击，到了今天，工作室中徒有四壁，而人亦奄奄一息，这全是应该的，无可免的，无可怨的。一旦复员，要加倍努力赶上去。不过，今天的中国科学确有一个极大的危险，这就是，用与科学极其相反的精神以为提倡科学之动力是也。今日提倡科学之口号高唱入云，而为自然科学的建设不知在哪里？其结果只是些杂志宣传，而这些杂志中的文学，每每充满反科学性。大体说来，有狭隘的功利主义，这是使自然科学不能发达的。然若自然科学不能发达，应用科学又焉得立其根本？又有狂言之徒，一往夸大，他却不知科学的第一义是不扯谎的。全部科学史告诉我们，若没有所谓学院自由（Academic Freedom），科学的进步是不可能的。全部科学史告诉我们，近代科学是从教条、学院哲学（Scholasticism）、推测哲学（Speculative philosophy）、社会成见中解放出来的，不是反过来向这些东西倒上去的。全部科学史又告诉我们，大科学家自然也有好人，有坏人，原来好坏本自难分，有好近名的，有好小利的，原来这也情有可原，但决没有乱说谎话的，作夸大狂的，强不知以为知的。大科学家自然有一种共同性，这可在盖理律（伽利略）、牛顿、达尔文、巴斯德诸人传记中寻得之，这些人与徇禄的经生绝无任何质量的相同处。所以今日提倡科学的方法极简单，建设几个真正可以做工作的所在，就是说，有适宜设备的所在，而容纳真正可以做科学工作的若干人于其中就够了。此外，便只是科学家自己的事了。此外，更无任何妙法。工作的环境可以培植科学家，宣传与运动是制造不出科学家来的。

我要提出一个"五四"的旧口号，这个口号是，"为科学而研究科学"，各位以为我这话迂腐么？只有这才是科学的清净法门！

我在北京大学的经历

蔡元培

> 蔡元培（1868~1940），字鹤卿，号孑民，浙江绍兴人。著名的思想家、教育家。清光绪年间进士，1892年授翰林院庶吉士，1894年补翰林院编修，有深厚的汉学功底。
>
> 蔡元培毕生从事民主革命和现代教育事业，为之做出了重大贡献，被誉为"现代知识界的卓越前驱"。他博学多识，对哲学、美学、伦理学、教育学等学科，均有研究和建树，论著约300万字，都收入《蔡元培全集》。

北京大学的名称，是从民国元年起的；民元以前，名为京师大学堂；包有师范馆、仕学馆等，而译学馆亦为其一部；我在民元前六年，曾任译学馆教员讲授国文及西洋史，是为我在北大服务之第一次。

民国元年，我长教育部，对于大学有特别注意的几点：一、大学设法商等科的，必设文科；设医农工等科的，必设理科。二、大学应设大学院（即今研究院），为教授、留校的毕业生与高级学生研究的机关。三、暂定国立大学五所，于北京大学外，再筹办大学各一所于南京、汉口、四川、广州等处。（尔时想不到后来各省均有办大学的能力。）四、因各省的高等学堂，本仿日本制，为大学预备科，但程度不齐，于入大学时发生困难，乃废止高等学堂，于大学中设预科。（此点后来为胡适之先生等所非难，因各省既不设高等学堂，就没有一个荟萃较高学者的机关，文化不免落后；但自各省竞设大学后，就不必顾虑了。）

是年，政府任严幼陵君为北京大学校长；两年后，严君辞职。改任马相伯君，不久，马君又辞。改任何锡侯君，不久又辞。乃以工科学长胡次珊君代理。民国五年冬，我在法国，接教育部电，促回国，任北大校长。我回来，初到上海，友人中劝不必就职的颇多，说北大太腐败，进去了，若不能整顿，反于自己的声名有碍，这当然是出于爱我的意思。但也有少数的说，既然知道他腐败，更应进去整顿，就是失败，也算尽了心；这也是爱人以德的说法。我到底服从后说，进北京。

我到京后，先访医专校长汤尔和君，问北大情形。他说："文科预科的情形，可问沈尹默君；理工科的情形，可问夏浮筠君。"汤君又说："文科学长如未定，可请陈仲甫君；陈君现改名独秀，主编《新青年》杂志，确可为青年的指导者。"因取《新青年》十余本示我。我对于陈君，本来有一种不忘的印象，就是我与刘申叔君同在《警钟日报》服务时，刘君语我："有一种在芜湖发行之白话报，发起的若干人，都因困苦及危险而散去了，陈仲甫一个人又支持了好几个月。"现在听汤君的话，又翻阅了《新青年》，决意聘他。从汤君处探知陈君寓在前门外一旅馆，我即往访，与之订定；于是陈君来北大任文科学长，而夏君原任理科学长，沈君亦原任教授，一仍旧贯；乃相与商定整顿北大的办法，次第执行。

我们第一要改革的，是学生的观念。我在译学馆的时候，就知道北京学生的习惯。他们平日对于学问上并没有什么兴趣，只要年限满后，可以得到一张毕业文凭。教员是自己不用功的，把第一次的讲义，照样印出来，按期分散给学生，在讲坛上读一遍，学生觉得没有趣味，或瞌睡，或看看杂书。下课时，把讲义带回去，堆在书架上。等到学期，学年或毕业的考试，教员认真的，学生就拼命的连夜阅读讲义，只要把考试对付过去，就永远不再去翻一翻了。要是教员通融一点，学生就先期要求教员告知他要出的题目，至少要求表示一个出题目的范围；教员为避免学生的怀恨与顾全自身的体面起见，往往把题目或范围告知他们了，于是他们不用功的习惯，得了一种保障了。尤其北京大学的学生，是从京师大学堂"老爷"式学生嬗继下来，（初办时所收学生，都是京官，所以学生都被称为老爷，而监督及教员都被称为中堂或大人。）他们的目的，不但在毕业，而尤注重在毕业以后的出路。所以专门研究学术的教员，他们不见得欢迎；要是点名时认真一点，考试时严格一点，他们就借个话头反对他，虽罢课也在所不惜。若是一位在政府有地位的人，来兼课，虽时时请假，他们还是欢迎得很；因为毕业后可以有阔老师做靠山。这种科举时代遗留下来的劣根性，是于求学上很有妨碍的。所以我到校后第一次演说，就说明"大学学生，当以研究学术为天职，不当以大学为升官发财之阶梯"。然而要打破这些习惯，只有从聘请积学而热心的教员着手。

那时候因《新青年》上文学革命的鼓吹，而我们认识留美的胡适之君，他回国后，即请到北大任教授。胡君真是"旧学邃密"而且"新知深沉"的一个人，所以一方面与沈尹默、兼士兄弟，钱玄同，马幼渔，刘半农诸君以新方法整理国故，一方面整理英文系；因胡君之介绍而请到的好教员，颇不少。

我素信学术上的派别，是相对的，不是绝对的；所以每一种学科的教员，即使主张不同，若都是"言之成理持之有故"的，就让他们并存，令学生有自由选择的余地。最明白的，是胡适之君与钱玄同君等绝对的提倡白话文学，而刘申叔、黄季刚诸君仍极端维护文言的文学；那时候就让他们并存。我信为应用起见，白话文必要盛行，我也常常作白话文，也替白话文鼓吹；然而我也声明：作美术文，用白话也好，用文言也好。例如我们写字，为应用起见，自然要写行楷，若如江艮庭君的用篆隶写药方，当然不可；若是为人写斗方或屏联，作联饰品，即写篆隶章草，有何不可？

那时候各科都有几个外国教员，都是托中国驻外使馆或外国驻华使馆介绍的，学问未必都好，而来校既久，看了中国教员的阑珊，也跟了阑珊起来。我们斟酌了一番，辞退几人，都按着合同上的条件办的。有一法国教员要控告我；有一英国教习竟要求英国驻华公使朱尔典来同我谈判，我不答应。朱尔典出去后，说："蔡元培是不要再做校长的了"，我也一笑置之。

我从前在教育部时，为了各省高等学堂程度不齐，故改为各大学直接的预科；不意北大的预科，因历年校长的放任与预科学长的误会，竟演成独立的状态。那时候预科中受了教会学校的影响，完全偏重英语及体育两方面；其他学科比较的落后，毕业后若直升本科，发生困难。预科中竟自设了一个预科大学的名义，信笺上亦写此等字样。于是不能不加以改革，使预料直接受本科学长的管理，不再设预科学长。预科中主要的教课，均由本科教员兼任。

我没有本校与他校的界限，常为之通盘打算，求其合理化。是时北大设文理工法商五科，而北洋大学亦有工法两科；北京又有一工业专门学校，都是国立的。我以为无此重复的必要，主张以北大的工科并入北洋，而北洋之法科，刻期停办。得北洋大学校长同意及教育部核准，把土木工与矿冶工并到北洋去了。把工科省下来的经费，用在理科上。我本来想把法科与法专并成一科，专授法律，但是没有成功。我觉得那时候的商科，毫无设备，仅有一种普通商业学教课，于是并入法科，使已有的学生毕业后停止。

我那时候有一个理想，以为文理两科，是农工医药法商等应用科学的基础，而这些应用科学的研究时期，仍然要归到文理两科来。所以文理两科，必须设各种的研究所；而此两科的教员与毕业生必有若干人是终身在研究所工作，兼任教员，而不愿往别种机关去的。所以完全的大学，当然各科并设，有互相关联的便利。若无此能力，则不妨有一大学专办文理两科，名为本科，而其他应用各科，可办专科的高等学校，如德、法等国的成例，以表示学与术的区别。因为北大的校舍与经费，决没有兼办各种应用科学的可能，所以想把法律分出去，而编为本科大学；然没有达到目的。

那时候我又有一个理想，以为文理是不能分科的。例如文科的哲学，必植基于自然科学；而理科学者最后的假定，亦往往牵涉哲学。从前心理学附入哲学，而现在用实验法，应列入理科；教育学与美学，也渐用实验法，有同一趋势。地理学的人文方面，应属文科，而地质地文等方面属理科。历史学自有史以来，属文科，而推原于地质学的冰期与宇宙生成论，则属理科。所以把北大的三科界限撤去而列为十四系，废学长，设系主任。

我素来不赞成董仲舒罢黜百家独尊孔氏的主张。清代教育宗旨有"尊孔"一款，已于民元在教育部宣布教育方针时说他不合用了。到北大后，凡是主张文学革命的人，没有不同时主张思想自由的；因而为外间守旧者所反对。适有赵体孟君以编印明遗老刘应秋先生遗集，贻我一函，后约梁任公、章太炎、林琴南诸君品题；我为分别发函后，林君复函，列举彼对于北大怀疑诸点，我复一函，与他辩。这两函颇可窥见那时候两种不同的见解。

这两函虽仅为文化一方面之攻击与辩护。然北大已成为众矢之的，是无可疑了。超四十余日，而有"五四"运动。我对于学生运动，素有一种成见：以为学生在学校里面，应以求学为最大目的，不应有何等政治的组织。其有年在二十岁以上，对于政治有特殊兴趣者，可以个人资格，参加政治团体，不必牵涉学校。所以民国七年夏间，北京各校学生，曾为外交问题，结队游行，向总统府请愿；当北大学生出发时，我曾力阻他们，他们一定要参与；我因此引咎辞职，经慰留而罢。到八年五月四日，学生又有不签字于巴黎和约与罢免亲日派曹、陆、章的主张，仍以结队游行为表示，我也就不去阻止他们了。他们因愤激的缘故，遂有焚曹汝霖住宅及攒殴章宗祥的事，学生被警厅逮捕者数十人。各校皆有，而北大学生居多数；我与各专门学校的校长向警厅力保，始释放。但被拘的虽已保释，而学生尚抱再接再厉的决心，政府亦且持不做不休的态度，都中宣传政府将明令免我职而以马其昶君任北大校长，我恐若因此增加学生对于政府的纠纷，我个人且将有运动学生保持地位的嫌疑，不可以不速去。乃一面呈政府，引咎辞职，一面秘密出京，时为五月九日。

那时候学生仍每日分队出去演讲，政府逐队逮捕，因人数太多，就把学生都监禁在北大第三院。北京学生受了这样大的压迫，于是引起全国学生的罢课，而且引起各大都会工商界的同情与公愤，将以罢工罢市为同样之要求。政府知势不可侮，乃释放被逮诸生，决定不签和约，罢免曹、陆、章，于是"五四"运动之目的完全达到了。

"五四"运动之目的既达，北京各校的秩序均恢复，独北大因校长辞职问题，又起了多少纠纷。政府曾一度任命胡次珊君继任，而为学生所反对，不能到校；各方面都要我复职。我离校时本预定决不回去；不但为校务的困难，实因校务以外，常常有许多不相干的缠绕，度一种劳而无功的生活，所以启事上有"杀君马者道旁儿；民亦劳止，汔可小休；我欲小休矣"等语。但是隔了几个月，校中的纠纷，仍在非我回校，不能解决的状态中，我不得已，乃允回校。回校以前，先发表一文，告北京大学学生及全国学生联合会，告以学生救国，重在专研学术，不可常为救国运动而牺牲。到校后，在全体学生欢迎会演说，说明德国大学学长校长均每年一换，由教授会公举；校长且由神学医学法学哲学四科之教授轮值；从未生过纠纷；完全是教授治校的成绩。北大此后亦当组成健全的教授会，使学校决不因校长一人的去留而起恐慌。

那时候蒋梦麟君已允来北大共事，请他通盘计划，设立教务总务两处；及聘任财务等委员会，均以教授为委员。请蒋君任总务长，而顾孟余君任教务长。

北大关于文学哲学等学系，本来有若干基本教员，自从胡适之君到校后，声应气求，又引进了多数的同志，所以兴会较高一点。预定的自然科学，社会科学，文学，国学四种研究所，止有国学研究所先办起来了。在自然科学与社会科学方面，比较的困难一点。自民国九年起，自然科学诸系，请到了丁巽甫，颜任光，李润章诸君主持物理系，李仲揆君主持地质系；在化学系本有王抚五，陈聘丞，丁庶为诸君，而这时候又增聘程寰西，石蘅青诸君。在生物学系本已有钟宪鬯君在东南西南各省搜罗动植物标本，有李石曾君讲授学理，而这时候又增聘谭仲逵君。于是整理各系的实验室与图书室，使学生在教员指导之下，切实用功；改造第二院礼堂与庭园，使合于讲演之用。在社会科学方面，请到王雪艇，周鲠生，皮皓白诸君；一面诚意指导提起学生好学的精神，一面广购图书杂志，给学生以自由考索的工具。丁巽甫君以物理学教授兼预科主任，提高预科程度。于是北大始达到各系平均发展的境界。

我是素来主张男女平等的，九年，有女学生要求进校，以考期已过；姑录为旁听生。及暑假招考，就正式招收女生。有人问我："兼收女生是新法，为什么不先请教育部核准？"我说"教育部的大学令，并没有专收男生的规定；从前女生不来要求，所以没有女生；现在女生来要求，而程度又够得上，大学就没有拒绝的理。"这是男女同校的开始，后来各大学都兼收女生了。

我是佩服章实斋先生的，那时候国史馆附设在北大，我定了一个计划，分征集、纂辑两股；纂辑股又分通史，民国史两类；均从长编入手，并编历史辞典。聘屠敬山、张蔚西、薛阆仙、童亦韩、徐贻孙诸君分任征集编纂等务。后来政府忽又有国史相独立一案，别行组织。于是张君所编的民国史，薛、童、徐诸君所编的辞典，均因篇帙无多，视同废纸；止有屠君在馆中仍编他的蒙兀儿史，躬自保存，没有散失。

我本来很注意于美育的，北大有美学及美术史教课，除中国美术史由叶浩吾君讲授外，没有人肯讲美学，十年，我讲了十余次，因足疾进医院停止。至于美育的设备，曾设书法研究会，请沈尹默，马叔平诸君主持。设画法研究会，请贺履之、汤定之诸君教授国画；比国楷次君教授油画。设音乐研究会，请萧友梅君主持。均听学生自由选习。

我在爱国学社时，曾断发而习兵操，对于北大学生之愿受军事训练的，常特别助成；曾集这些学生，编成学生军，聘白雄远君任教练之责，亦请蒋百里、黄膺白诸君到场演讲。白君勤恳而有恒，历十年如一日，实为难得的军人。

我在九年的冬季，曾在欧美考察高等教育状况，历一年回来。这期间的校长任务，是由总务长蒋君代理的。回国以后，看北京政府的情形，日坏一日，我处在与政府常有接触的地位，日想脱离。十一年冬，财政总长罗钧任君忽以金佛郎问题被逮。释放后，又因教育总长彭允彝君提议，重复收禁。我对于彭君此举，在公议上，认为是蹂躏人权献媚军阀的勾当；在私情上，罗君是我在北大的同事，而且于考察教育时为最密切的同伴，他的操守，为我所深悉，我不免大抱不平。与汤尔和、邵飘萍、蒋梦麟诸君会商，均认有表示的必要。我于是一面递辞呈，一面离京。隔了几个月，贿选总统的布置，渐渐的实现；而要求我回校的代表，还是不绝，我遂于十二年七月间重往欧洲，表示决心；至十五年，始回国。那时候，京津间适有战争，不能回校一看。

十六年，国民政府成立，我在大学院，试行大学区制，以北大划入北平大学区范围，于是我的北京大学校长的名义，始得取销。

综计我居北京大学校长的名义，十年有半；而实际在校办事，不过五年有半，一经回忆，不胜惭悚。

以美育代宗教说

蔡元培

兄弟于学问界未曾为系统的研究,在学会中本无可以表示之意见,惟既承学会诸君子责以讲演,则以无可如何中,择一于我国有研究价值之问题为到会诸君一言,即"以美育代宗教"之说是也。

夫宗教之为物,在彼欧西各国,已为过去问题。盖宗教之内容,现皆经学者以科学的研究解决之矣。吾人游历欧洲,虽见教堂棋布,一般人民亦多入堂礼拜,此则一种历史上之习惯。譬如前清时代之袍褂,在民国本不适用,然因其存积甚多,毁之可惜,则定为乙种礼服而沿用之,未尝不可。又如祝寿、会葬之仪,在学理上了无价值,然戚友中既以请帖、讣闻相招,势不能不循例参加,藉通情愫。欧人之沿习宗教仪式,亦犹是耳。所可怪者,我中国既无欧人此种特别之习惯,乃以彼邦过去之事实作为新知,竟有多人提出讨论。此则由于留学外国之学生,见彼国社会之进化,而误听教士之言,一切归功于宗教,遂欲以旧基督教劝导国人。而一部分之沿习旧思想者,则承前说而稍变之,以孔子为我国之基督,遂欲组织孔教,奔走呼号,视为今日重要问题。

自兄弟观之,宗教之原始,不外因吾人精神作用而构成。吾人精神上之作用，普通分为三种，一曰知识，二曰意志，三曰感情。最早之宗教，常兼此三作用而有之。盖以吾人当未开化时代，脑力简单，视吾人一身与世界万物，均为一种不可思议之事。生自何来？死将何往？创造之者何人？管理之者何术？凡此种种，皆当时之人所提出之问题，以求解答者也，于是有宗教家勉强解答之。如基督教推本于上帝，印度旧教则归之梵天，我国神话则归之盘古。其他各种现象，亦皆以神道为惟一之理由。此知识作用之附丽于宗教者也。且吾人生而有生存之欲望，由此欲望而发生一种利己之心。其初以为非损人不能利己，故恃强凌弱，掠夺攫取之事，所在多有，其后经验稍多，知利人之不可少，于是有宗教家提倡利他主义，此意志作用之附丽于宗教者也。又如跳舞、唱歌，虽野蛮人亦皆乐此不疲。而对于居室、雕刻、图画等事，虽石器时代之遗迹，皆足以考见其爱美之思想。此皆人情之常，而宗教家利用之以为诱人信仰之方法。于是未开化人之美术，无一不与宗教相关联。此又情感作用之附丽于宗教者也。天演之例，由浑而画。当时精神作用至为浑沌，遂结合而为宗教。又并无他种学术与之对，故宗教在社会上遂具有特别势力焉。

迨后社会文化日渐进步，科学发达，学者遂举古人所谓不可思议者，皆一一解释之以科学。日星之现象，地球之缘起，动植物之分布，人种之差别，皆得以理化、博物、人种、古物诸科学证明之。而宗教家所谓吾人为上帝所创造者，从生物进化论观之，吾人最初之始祖，实为一种极小之动物，后始日渐进化为人耳。此知识作用离宗教而独立之证也。宗教家对于人群之规则，以为神之所定，可以永远不变。然希腊诡辩家，因巡游各地之故，知各民族之所谓道德往往互相抵触，已怀疑于一成不变之原则。近世学者据生理学、心理学、社会学之公例，以应用于伦理，则知具体之道德不能不随时随地而变迁；而道德之原理则可由种种不同之具体者而归纳以得之；而宗教家之演绎法，全不适用，此意志作用离宗教而独立之证也。

知识、意志两作用，既皆脱离宗教以外，于是宗教所最有密切关系者，惟有情感作用，即所谓美感。凡宗教之建筑，多择山水最胜之处，吾国人所谓天下名山僧占多，即其例也。其间恒有古木名花，传播于诗人之笔，是皆利用自然之美以感人者。其建筑也，恒有峻秀之塔，崇闳幽邃之殿堂，饰以精致之造像，瑰丽之壁画，构成黯淡之光线，佐以微妙之音乐。赞美者必有著名之歌词，演说者必有雄辩之素养，凡此种种，皆为美术作用，故能引人入胜。苟举以上种种设施而摒弃之，恐无能为役矣。然而美术之进化史，实亦有脱离宗教之趋势。例如吾国南北朝著名之建筑则伽蓝耳，其雕刻则造像耳，图画则佛像及地狱变相之属为多；文学之一部分，亦与佛教为缘。而唐以后诗文，遂多以风情人情世事为对象；宋元以后之图画，多写山水花鸟等自然之美。周以前之鼎彝，皆用诸祭祀。汉唐之吉金，宋元以来之名瓷，则专供把玩，野蛮时代之跳舞，专以娱神，而今则以之自娱。欧洲中古时代留遗之建筑，其显著者率为教堂。其雕刻图画之资料，多取诸新旧约；其音乐，则附丽于赞美歌；其演剧，亦排演耶稣故事，与我国旧剧"目莲救母"相类。及文艺复兴以后，各种美术，渐离宗教而尚人文。至于今日，宏丽之建筑，多为学校、剧院、博物院。而新设之教堂，有美学上价值者，几无可指数。其他美术，亦多取资于自然现象及社会状态。于是以美育论，已有与宗教分合之两派。以此两派相较，美育之附丽于宗教者，常受宗教之累，失其陶养之作用，而转以激刺感情。盖无论何等宗教，无不有扩张己教、攻击异教之条件。回教之谟罕默德，左手持《可兰经》，而右手持剑，不从其教者杀之。基督教与回教冲突，而有十字军之战，几及百年。基督教中又有新旧教之战，亦亘数十年之久。至佛教之圆通，非他教所能及。而学佛者苟有拘牵教义之成见，则崇拜舍利受持经忏之陋习，虽通人亦肯为之。甚至为护法起见，不惜于共和时代，附和帝制。宗教之为累，一至于此，皆激刺感情之作用为之也。

鉴激刺感情之弊，而专尚陶养感情之术，则莫如舍宗教而易以纯粹之美育。纯粹之美育，所以陶养吾人之感情，使有高尚纯洁之习惯，而使人我之见、利己损人之思念，以渐消沮者也。盖以美为普遍性，决无人我差别之见能参入其中。食物之入我口者，不能兼果他人之腹；衣服之在我身者，不能兼供他人之温，以其非普遍性也。美则不然；即如北京左近之西山，我游之，人亦游之；我无损于人，人亦无损于我也。隔千里兮共明月，我与人均不得而私之。中央公园之花石，农事试验场之水木，人人得而赏之。埃及之金字塔，希腊之神祠，罗马之剧场，瞻望赏叹者若干人，且历若干年，而价值如故。各国之博物院，无不公开者，即私人收藏之珍品，亦时供同志之赏览。各地方之音乐会、演剧场，均以容多数人为快。所谓独乐乐不如人乐乐，与寡乐乐不如与众乐乐，以齐宣王之惛，尚能承认之。美之为普遍性可知矣，且美之批评，虽间亦因人而异，然不曰是于我为美，而曰是为美，是亦以普遍性为标准之一证也。

美以普遍性之故，不复有人我之关系，遂亦不能有利害之关系。马牛，人之所利用者，而戴嵩所画之牛，韩干所画之马，决无对之而作服乘之想着。狮虎，人之所畏也，而芦沟桥之石狮，神虎桥之石虎，决无对之而生搏噬之恐者。植物之花，所以成实也，而吾人赏花，决非作果实可食之想。善歌之鸟，恒非食品。灿烂之蛇，多含毒液。而以审美之观念对之，其价值自若。美色、人之所好也；对希腊之裸像，决不敢作龙阳之想；对拉飞尔若鲁滨司之裸体画，决不敢有周昉秘戏图之想。盖美之超绝实际也如是，且于普通之美以外，就特别之美而观察之，则其义益显。例如崇闳之美，有至大至刚两种。至大者如吾人在大海中，惟见天水相连，茫无涯涘。又如夜中仰数恒星，知一星为一世界，而不能得其止境，顿觉吾身之上虽微尘不足以喻，而不知何者为所有。其至刚者，知疾风震霆，覆舟倾屋，洪水横流，火山喷薄，虽拔山盖世之气力，亦无所施，而不知何者为好胜。夫所谓大也，刚也，皆对待之名也。今既自以为无大之可言，无刚之可恃，则且忽然超出乎对待之境，而与前所谓至大至刚者合胖而为一体，其愉快遂无限量。当斯时也，又岂尚有利害得丧之见能参入其间耶！其他美育中，如悲剧之美，以其能破除吾人贪恋幸福之思想。《小雅》之怨悱，屈子之离忧，均能特别感人。《西厢记》若终崔、张团圆，则平淡无奇；惟如原本之终于草桥一梦，始足发人深省。《石头记》若如《红楼后梦》等，必使宝、黛成婚，则此书可以不作；原本之所以动人者，正以宝、黛之结果一死一亡，与吾人之所谓幸福全然相反也。又如滑稽之美，以不与事实相应为条件。如人物之状态，各部分互有比例，而滑稽画中之人物，则故使一部分特别长大或特别短小。作诗则故为不谐之声调，用字则取资于同音异义者。方朔割肉以遗君，不自责而反自夸。优旃谏漆城，不言其无益，而反谓漆城荡荡，寇来不得上，皆与实际不相容，故令人失笑耳。要之，美学之中，其大别为都丽之美，崇闳之美（日本人译言优美、壮美）。而附丽于崇闳之悲剧，附丽于都丽之滑稽，皆足以被人我之见，去利害得失之计较，则其所以陶养性灵，使之日进于高尚者，固已足矣。又何取乎侈言阴骘、攻击异派之宗教，以激刺之心，而使之渐丧其纯粹之美感为耶。

男女平权的问题

蔡元培

为什么我们要特别提出国际妇女节？这是因为世界上全体妇女有一种问题要求解决。这一种问题，既然关于妇女界全体，那就是与男子相对待的问题，就是男女平权的问题了。

男女平权，不但我们妇女所标榜，就是开明一点的男子，也何尝不是这样主张？但是主张了几十年，在政治上，妇女在立法、行政上效力者有若干人？在经济上，妇女能独立者有若干人？在教育上，妇女服务于初等或中等教育的虽日渐加多，而在高等教育上，如法国居里夫人的有若干人？科学的发明，文学艺术的贡献，固亦有若干妇女，并不逊于男子，然而人数的多少，尚不能相等。所以，男女平权的主张，现在还是准备时期，不是完成时期。

准备的方法，固然要向政治、经济、教育、学艺方面同时并进，而最要关键，则在妇女界互相亲爱，同心协力，来把自身最切要的问题，作一个总解决。

在家庭中，做母亲的，果没有偏爱男儿、薄视女儿的么？乡间尚有养媳妇的制度，有几个是不受苛待的？妯娌间、姑嫂间，果没有争执意气、挑拨是非的么？各机关、各商店的女同事，果没有因竞争生存而互相嫉妒、互相倾轧的么？畜婢为法令所禁，但屡有私置而虐待的新闻；有犯罪嫌疑的女子，未判决前，为什么偏受狱老妇的虐待？娼妓是最不幸的，贩卖的虽有时由于男子，而多为鸨妇所逼勒。总之，不幸的妇女受害于男子的固多，但是受害于妇女的也不在少数。我们若在自己妇女界里面，若还没有达到互相亲爱、一体平等的状况，我们怎么责备他们这些男子呢？

  我因为妇女节的名义，第一感觉到的，是妇女界自己要实行平等，真有天下一家、中国一人的样子。那时候，对于妇女界所需要解决的问题，用全体的力量来解决它，还怕不能解决么？这个问题解决了，合全世界人类都是一家、一人的样子，连妇女节名义都可以不要，那就是妇女节的大成功了。

新教育

陶行知

陶行知（1891～1946），原名文濬，后改名知行，行知，安徽歙县人。现代著名教育家、民主人士。1914年赴美留学，接受杜威实用主义哲学及教育思想，提出了"生活即教育"、"社会即学校"、"教学做合一"三大主张。主要著述有：《中国教育改造》、《斋夫自由谈》、《中国大众教育问题》等。

（一）新教育的需要 我们现在处于二十世纪新世界之中，应该造成一个新国家，这新国家就是富而强的共和国。怎样能够造成这新国家呢？固然要有好的领袖去引导平民，使他们富，使他们强，使他们和衷共济；但是虽有好的领袖，而一般平民不晓得哪个领袖是好的，哪个领袖是不好的，也是枉然。所以现在所需要的，是一种新的国民教育，拿来引导他们，造就他们，使他们晓得怎样才能做成一个共和的国民，适合于现在的世界。举例来说：有一个后母给她的儿子洗澡，所用的水，时而太冷咧，时而太热咧，这就是不能合着他儿子的需要。我们所研究的新教育，不应该犯这个毛病，一定要合于现在所需要的。

（二）新教育的释义 先说"新"字是什么意思？某处人家

因为要请客,一切设备家伙,都去向别家借用,用过之后,就去还了,这是客来则新,客去便旧了,不得为根本的新。我们中国的教育,倘若忽而学日本,忽而学德国,忽而学法国、美国,那终究是无所适从。所以新字的第一个意义要"自新"。今日新的事,到了明日未必新;明日新的事,到了后日又未必新。即如洗澡,一定要天天洗,才能天天干净。这就是日日新的道理。所以新字的第二个意义要"常新"。又我们所讲的新,不单是属于形式的方面,还要有精神上的新。这样才算是内外一致,不偏不倚。所以新字的第三个意义要"全新"。

次说"教育"是什么东西?照杜威先生说,教育是继续经验的改造(Continuous reconstruction of experience)。我们个人受了周围的影响,常常有变化,或是变好,或是变坏。教育的作用,是使人天天改造,天天进步,天天往好的路上走;就是要用新的学理,新的方法,来改造学生的经验。

(三)**新教育的目的**　这目的可分两项来说明:第一对于天然界,要使学生有利用他的能力。例如,我们要使光线入室不须空气的时候,就要用玻璃窗。照这样把所有一切光、电、水、空气等,都要被我们操纵指挥。现在中国和外国物质文明的高下,都从这利用天然界能力的强弱上分别出来的。然而其中也有危险的地方,如造出许多杀人的物,扰乱世界,是万万不可的。所以第二项目的,是对于群界要讲求共和主义,使人人都能自由守着自己的本分去做各种事业。一方面利用天然界,一方面谋共同幸福。可说一句,新教育的目的,要养成这种能力,再概括说起来,就是要养成"自主"、"自立"和"自动"的共和国民。自主的就是要做天然界之主,又要做群界之主。即如选举卖票一事,卖和不卖，到底由自己的主张。果能自主的人，富贵不淫，贫贱不移，威武不屈，人家有什么法子对付他呢？至于自立的人，在天然界群界之中，能够自衣自食，不求靠别人。但是单讲自立，不讲自动，还是没有进步。还是不配做共和国民的资格。要晓得专制国讲服从，共和国也讲服从，不过一是被动的，一是自动的，这就是他们的分别了。

（四）新教育的方法　此番我从南京到上海，再从上海到嘉兴，一直到杭州来，有种种的方法，或是走，或是坐船，或是坐火车，或是坐飞艇。在这几种方法之中，哪几种是较好，哪一种是最好，而且哪一种是最快，这便是方法的考究。要考究这个方法，下列的几条，应该注意的：

（甲）符合目的。杀鸡用鸡刀，杀牛用牛刀，这就是适合的道理；教育也要对着目的设法。现在学校里有兵操一门，是为了养成国民有保护国家的能力而设的。但是照这样"立正"、"开步"的练习，经过几年之后，能否达到应战之目的，却须要研究的。

（乙）依据经验。怎样做的事，应当怎样教。譬如游水的事，应当到池沼里去学习，不应当在课堂上教授。倘若只管课堂的教授，不去实习，即使学了好几年，恐怕一到池里，仍不免要沉下去的。各种知识有可以从书上求的，不妨从书上去得来；有不可以从书上求的，那应该从别处去得他了。

（丙）共同生活。在学校中不能共同做事，一到社会也是不能的。所以要国民有共和的精神，先要学生有共和的精神；要学生有共和的精神，先要使他有共同的生活，有互助的力量。

（丁）积极设施。教人勿赌博，勿饮酒，这都是消极的禁止。

至于积极的办法，要使他们时常去做好的事情，没有机会去做那坏的事情。在学校之中，常常有正当的游戏运动，兴味很好，自然没有工夫去做别的坏事了。

（戊）注重启发。在学校里并非一面教人，一面受教，就算了事。要使学生的精神意志和能力，渐渐的发育成长。孔子说"不愤不启，不悱不发"，我更要进一步说，使他不得不愤，使他不得不悱。杜威先生也说，教学生的法子，先要使他发生疑问；查出他疑难的地方，使他想种种方法，去解决这个问题；从这些方法之中，选出顶有成效的法子，去试试看对不对。如其不对，就换法子；如其对了，再去研究一下。照这方法来解释同类的问题和一切的问题。所以现在的时候，那海尔巴脱的五段教授法等，觉着不大适用了。

（己）鼓励自治。这便是教学生对于学问方面或道德方面，都要使他能够自治自修。

（庚）全部发育。身体和精神，要全体顾到，不可偏于一面。譬如在体育上，耳目口鼻手足，统要使他健全；在智育上，既要使他自知，又要使他能够利用天然界的事物；在德育上，公德和私德，都不可欠缺的。

（辛）唤起兴味。学生有了兴味，就肯用全副精神去做事体，所以"学"和"乐"是不可分离的。学校里面先生都有笑容，学生也有笑容，有些学校，先生板了脸孔，学生都畏惧他，那是难免有逃学的事了。所以设法引起学生的兴味，是很要紧的。

（壬）责成效率。凡做一事，要用最简便、最省力、最省钱、最省时的法子，去收最大的效果。做这件事，用这个方法，在一小时所收的效果是这样，用别个方法只须十分钟或五分钟，就有这样的效果，那后法就比前法为胜了。照此把时间、精力、金钱和效果的比较选择，可以得出一个最好的法子。

以上所讲，都是新教育上普通的说明。至于新教育对于学校课程等的设施和教员学生应当怎样的情形，休息几分钟再讲。

新学校 学校是小的社会，社会是大的学校。所以要使学校成为一个小共和国，须把社会上一切的事，拣选他主要的，一件一件的举行起来。不要使学生在校内是一个人，在校外又是一个人。要使他造成共和国民的根基，须在此练习。对于身体方面、道德方面、政治方面，凡国民所不可不晓得的，都要使他晓得，那学校便成为具体而微的社会了。我国学校的弊病，不但在与社会相隔绝，而且学校里面，全以教员做主，并不使学生参与。要晓得一社会里的事务，该使大家知道的，就该大家参与；该使少数领袖管理的，就该少数领袖参与。这样不靠一人，也不靠少数人，使每个学生、每个教员，晓得这个学校是我的学校，肯与学校同甘苦，那才是共和国社会里的真学校。

新学生 "学"字的意义，是要自己去学，不是坐而受教。先生说什么，学生也说什么，那便如学戏，又如同留声机器一般了。"生"字的意义，是生活或是生存。学生所学的是人生之道。人生之道，有高尚的，有卑下的；有片面的，有全部的；有永久的，有一时的；有精神的，有形式的。我们所求的学，要他天天加增的，是高尚的生活，完全的生活，精神上的生活。永久继续的生活。进一步说，不可学是学，生是生，要学就是生，生就是学。求学的事，是为预备后来的生存呢？还是现在的生存，就是全体生活的一部分呢？既然晓得教育是继续经验的改造，那么对于天然界和群界，自然受他的影响，天天变动，就是天天受教育，差不多从出世到老，与人生为始终的样子。你哪一天生存不是学？你哪一天学不是生存呢？孔子到了七十岁，方才从心所欲不逾矩，他是一步一步上进的。凡改变我们的，都是先生；就是我们自己都是学生。以前只有在学校里的是学生，一到家里就不是学生；现在都做社会的学生，是从根本上讲，来得着实，不至空虚。虽出校门，仍为学生，就是不出于教育的范围，所以每天的一举一动，都要引他到最高尚、最完备、最能永久、最有精神的地位，那方才是好学生。

新教员 新教员不重在教，重在引导学生怎么样去学。对于教育，第一，要有信仰心。认定教育是大有可为的事，而且不是一时的，是永久有益于世的。不但大学校高等学校如此，即使小学校也是大有可为的。夫勒培尔研究小学教育，得称为大教育家。做小学教师的，人人有夫氏的地位，也有他的能力；只须承认，去干就能成功，又如伯斯塔罗齐、蒙铁梭利都从研究小学教育得名，即如杜威先生，也是研究小学教育的。这都是实在的事，并非虚为赞扬。我从前看见一个土地庙面前对联上，有一句叫"庙小乾坤大"，很可以来比。况我们学校虽小，里头却是包罗万象。做小学教员的，万勿失此机会，正当做一番事业。而且这里头还有一种快乐——照我们自己想想，小学校里学生小，房子小，薪水少，功课多，辛苦得很，哪有快乐？其实看小学生天天生长大来，从没有知识，变为有知识，如同一颗种子的由萌芽而生枝叶，而看他开花，看他成熟，这里有极大的快乐。照以上两层——做大事业得大快乐——是为一己的，而况乎要造新国家、新国民、新社会，更非此不行嘛！那不信仰这事的，可以不必在这儿做小学教员。一国之中并非个个人要做这事的，有的做兵，有的做工，有的做官吏，……各人依了他的信仰，去做他的事。一定要看教育是大事业，有大快乐，那无论做小学教员，做中学教员，或做大学教员，都是一样的。第二，要有责任心。不但是自己家中的小孩和课堂中的小孩，我应当负责任；无论这里那里的小孩，要是国中有一个人不受教育，他就不能算为共和国民。在美国一百个人之中，有九十几个受教育。中国一百个人之中，只有一个人受教育。而且二十四个学生中，只有一个女学生。我们要从这少数的人，成为多数的人，要用多少年的工夫？非得终身从事不行。况且我们除了二十岁以前，六十岁以后，正当有为之时，没有多少，即使我们自己一生不成，应当代代做去。切不可当教育事业是住旅馆的样子，住了一夜或几夜之后，不管怎么样，就听他去了。那教育事业，还有发达的希望吗？第三，做新教员的要有共和精神。就是不可摆出做官的态度，事事要和学生同甘苦，参与到学生里面去，指导他们。第四，要有开辟精神。时候到了现在，不可专在有教育的地方办教育。要有膨胀的力量，跑到外边去，到乡下地方，或是到蒙古、新疆这些边界的地方，要使中国无地无学生。一定要有单骑匹马勇往无前的气概，有如外国人传教的精神，无论什么都不怕，只怕道理不传出去。要晓得现在中国，门户边界的危险，使那个地方的人，晓得共和国的样子，用文化去灌输他，使他耳目熟习，改换他从来的方向，是很要紧的。第五，要有试验的精神。有些人肯求进步，有些人只晓得自划的，除了几本教科书外，没有别的书籍。诸君已经毕业之后，还在这儿讨论教育，那是最好的。他人叫我怎样办，我便怎样办，专听上头的命令。要晓得上头的命令，只不过举其大端，其中详细的情形，必定要我们去试验。用了种种方法，有了结果，再去批评他的好坏，照此屡试屡验，分析综合，方才可下断语。倘使专靠外国，或专靠心中所有，那么，或是以不了了之，或是但凭空想，或是依照古老的法子，或是照外国的法子，统是危险的。从前人说"温故而知新"，但是新的法子从外国传到中国，又传到杭州，我们以为新的时候，他们已经旧了。所以，望大家注意，不可不由自己试验，得出真理，方不至于落人之后哩！

新课程 这要从社会和个性两方面讲。从社会这一面讲来，要问这课程是否合乎世界潮流，是否合乎共和精神。学了这课程之后，能否在中国的浙江，或是浙江的杭州，做一个有力的国民。更从个性的一面讲来，谁的事教谁，小孩子的事教小孩子，农人的事去教农人，方才能够适合。我且拿学代数来做个例，看这课程，是否为学生所需要。我有一次对学生发问道："有几多人应用过代数？"那一百人中，只有七八个人举手。又问："不曾用过代数的人举手！"就有九十几个。后再查考那七八个人所用的东西，只须一星期，至多不过一月，就可教了。照这样看来，我们应该有变通的办法。是否为了七八个人去牺牲那九十几个人。那七八个人，或为天文家，或习工业，或学医生，所用代教，不过百分之一罢了。我们不可以为了一个人，去牺牲九十九个人；也不可以为了九十九个人，去牺牲那一个人。总要从社会全体着想，有否其他有用的东西，未列在课程里？或是有用不着的东西，还列在课程里呢？照这样去取舍才行。

新教材 就教科书一端而论，编书的人，有的做过教员，有的竟没有做过教员。就拿他自己的眼光来做标准，不知道各地方的情形怎么样。用了这种书去教授，哪里能适合呢？所以教科书止可作为参考，否则硬依了他，还是没有的好。又有一种讲义，当看作账簿一般。社会上各种文化风俗，都写在这账簿上。这账簿有没有用处，或是正确不正确，须要仔细考查。譬如富翁，虽然将他所有的财产，写在账簿上，拿来传给他的儿子，若是不去实地指点他，那几处房子或是田地，是我所有，和这账簿对照一下，他的儿子仍然不晓得底细。也许有几处田地房产，已经卖出；也许有几处买进的，还没有登记上去，总要使他儿子完全明了，那账簿方才有效。要拿教科书上的情形引导把学生看，或是已经变迁的情形，指点他明白。几年前的朝鲜和现在不同；俄国已经分做十几国，更不可以拿从前的来讲。总要明白实际的事情，因为账簿是死的，人是活的，要拿账簿来为我所用，不要将活泼泼的人，为死书所用。要晓得账簿之外，还有许多文化在那里，要靠教科书是有害的。

新教育的考成 我到店里去要一件东西，他拿了别的东西给我，我就不答应了，怎么我要这件，你偏与我那件呢？教育的事，也是这样。要按照目的去考成，方才不会枉费了精神和财力。譬如从农业、工业或商业学校里毕业出来的学生，有几多人在那里做他应当做的事。若是不问他的结果，一味的办去，正如做母亲的人把他的女儿出嫁，不将他长女出嫁的情形，来加以参考，以致于第二第三个女儿吃着同样的苦头，这是因为不考成的缘故。

再有几层，我在别处已经讲过，暂且不说。总之，大家觉得要教育普及，先要认定目的。做若干事，须得若干的代价，决不是天然能成功的。即就小孩子而论，美国一人需费四元四角五分，中国每人只有六分。试问没有代价的事，能办得好办不好？

但这事人人负有责任。我们做教员的，不但教学生，又要想法子使得社会上的人对于教育认为必要。譬如有钱的人，可以教自己的孩子，同时他邻舍的小孩子，因为没得钱受教育。和这小孩子一块儿玩，就把他带坏了。所以单教自己的儿子，还是不中用的。把这种的情形使他们觉悟，人非木石，断没有一定不信的。虽然有些困难的地方，我们总可以用自己的力量去战胜他的。

新教育之精神等三论

陈独秀

陈独秀（1879~1942），原名庆同、乾生，字仲甫，号突庵，笔名山民等，安徽怀宁（今属安庆市）人。民主主义革命家、政治学家、中国共产党的主要创建人之一。1915年在上海创办并主编《青年》杂志，后改名为《新青年》，举起民主与科学的旗帜，倡导新文化运动。主要著作收入《独秀文存》、《陈独秀文章选编》。

一、教育缺点

今天所讲的，统合说起来，是教育上的缺点，也可说就是教育上的罪恶。并且这种缺点和罪恶，并不是腐败的学校所有的现象，却是在平日声誉很好的学校，都免不了的。真正腐败的学校，倒也赶不上这种缺点咧。我所说的教育上缺点和罪恶，一种是犯主观主义，一种是犯形式主义。这两种主义，是牵连一起的。因为是主观的，所以有了形式的，因为有形式的，所以有主观的。这种弊病，在欧美各国亦不得免。在我国不但中等以上的学校是这样，就是小学教育，也都是这样两种主义。先把主观主义的缺点说出来。教师只知道他自己做本位教授的时候，不管学生能不能领受，一味照他意思灌输进去，这就是主观主义的现象。要知道好的教育，应该学生教先生，这句话说来很奇，怎样学生反而教起先生来呢？就是先生在教授时候，必定要拿学生做本位，细细考察这一班许多学生。因为一个学生，有一个学生的特性，一个学生，有一个学生的天才，用什么教材放进，便有什么反应发生，不是随便可以教授的，做教师的，应该从学生的个性里得到种种经验来。做教育的，依据我国现在教育，所以没有进步，坏在主观主义。这种主义，和以前教授经史百家的旧教育，有什么分别！不过拿经史百家的旧教材，改了史、地、理化等等新教材罢了。我们要知道新旧教育之不同，全在主观教育和客观教育上分别，不是在教材上的关系，是在活用教材方法的关系。我们所以反对旧教育，并不是说西洋来的教育都是好，中国的旧教育都是坏。不过在主观、客观的分别，旧教育的弊病，不问学生是否明瞭，用他主观的眼光，随便灌输学生。什么伦理科、历史科、地理科，所授教材，全凭讲演，不切实用，就像伦理重在实践，不是说空话便算了事，在理应该把这科取消。历史科，排列了许多不相干的古事，崇拜偶像的说话，教给学生记忆，有什么用处？地理科，在乎简单明瞭，并不是罗列许多无用的地名，硬要学生牢记，这样教法和以前的旧教育的，教学生念"大学之道，在明明德"，有什么分别呢？不说旁的，就是北京很有名的某学校，教职员的思想，也算很新的了，不过他们所授的教科，糊涂的很，陈列的文字，学生大都不懂。这也是中了主观主义的害处。欧美各国无论哪种学校，每礼拜至多不过二十多个钟头，分了许多科目，好使学生欢喜哪种就学习哪种，倒是事半功倍，很有效验。总之，无论什么学校的功课，倘使和学生个性适应的尽管教他，不是这样，尽管定了许多课程，教了许多材料，但是于学生实际上丝毫没有影响。那是何苦呢！吾觉得现在国内学校，往往不肯细细考察个性，随便教育，就是大学也免不了这种弊病咧。

讲到形式主义的流弊和罪恶，不在主观主义之下。很多的学校，只重外面好看，装潢华丽，气象焕然，就是茅厕的门面，都有种种装饰，某地方还有一种牢不可破的样子，校门总是做来很高，建筑必求新式，而于内容反一点不讲。实际上这样，教育到底有什么益处？推原其故，因为教育部平时只在形式上考求。所以上行下效，弄得教育一点没有实际。最可笑的，称了工业学校，没有工厂，农业学校没有农场，不但使学生进了这种学校，如入五里雾中，一些没有领会，就是教的人自己也莫名其妙咧。我有一种感想，要使教育发达，先应该废除教育部。你想他们住在京里，社会生活程度、人情风俗习惯，一点不懂，定了什么许多章程法令，硬要人家遵守。不依照他，他就要驳他不合部令，依照了他，事实上又是不能做到，这明明是叫人家进于虚伪的境界。照教育部的意思，定要把全国的学校统一起来。其实中国这样的大，风俗人情各处不同，怎样可以统一呢！譬如做了一件衣服，说是不管那一个人的身体长短大小，都要照这件衣服的尺寸，那岂不是笑话吗？简直说一句话，教育部存在一天，中国的教育，一定办不好一天。还有考试一件事，完全是形式主义的产物。这种弊病，很多很大。因为有了考试，就有什么毕业问题，文凭问题，引起了学生的虚荣心。教师学生平常多都不注意，临到考试时候，在这一二礼拜以内拼死用功，不但临场时夹带枪替，于道德上很有影响，并且废食忘眠，在身体上大有妨害。到了考试完毕，把所有临时强记的完全忘掉了。有人说学生求学的目的。一种是要增加学问，一种是为社会进步、生活改良。像现在学生的求学，专为考试，这不过是为了毕业问题，希望早一天毕业，那文凭可早一天到手。所以种种罪恶，都从考试发生，道德上、身体上、思想上都没有好处。

你看欧美的大学问家，尽有在学校里考试时候，屡次落第，到了后来，偏享盛名。日本教育大家某博士，在学生时代，每逢考试总是不利。后来他在大学校里当了教员，很反对考试。其实考试及格不足为荣，考试落第不足为辱。考试得利的不定是燊燊大才，考试失利的不全是庸劣无能。有人主张考试的，说一朝废去了考试，那学生的学业，不能够看出他进步不进步。这句话实在是差误的。照他说没有了考试，不能知道学业的进步，那末以前私塾先生惯用扑责，警诫学生，现在废掉了扑责，难道学生就不及从前吗？总之，学生的学业，并不因考试提进的。并且做了教师，平日里不能知道自己学生品行学业的好歹，偏要凭着考试方才知道，这样漫不经心的教员，他平日的教育成绩也可想而知了。吾们要望学生道德上学业上进步，不在乎考试。另有好的方法，譬如作文、英文等科，只要平常多方练习，自然能够进步。地理只要注重实地观察，化学注重在实验室里试验，那才可以得着好的效果。何必定要形式考试来贻误青年呢？所以我敢说，现在教育的流弊，不出这两种主义——主观主义、形式主义。这两种主义不破，中国的教育决不会有进步的希望。自从杜威氏来吾国，到处演讲教育，他竭力攻击的就是这以上所说的两种主义。他说不但中国犯这种弊病，就是美国也未尝没有。日本更比中国不如，所以杜威到中国来最精要的讲演，却不在伦理学，也不在社会学，是在教育学。可惜我国人对于他所讲最精要的教育，不十分注意。现在我们教育界应注意这点。因为这是教育上一个很重大的问题。我们所见教育上种种不好现象，归纳起来，不出这两个主义。

二、近代西洋教育

今日之中国，各种事业败坏已极，承贵校诸君招来演说，鄙人心中想说的话极多，但是从何处说起呢？诸君毕业后，或当教习，或到他校求学，大约不离教育界。现在就着教育事业，略说一二。

吾人提起"教育"二字，往往心中发生二种疑问：第一是吾人何以必须教育？第二是教育何以必须取法西洋？

第一种疑问，就是西洋也有一派学者，主张人之善恶智愚，乃天性生成，教育无效的。但是此种偏见，多数学者均不承认，以为人之善恶智愚，生来本性的力量诚然不小，后来教育的力量又何尝全然无效？譬如木材的好丑和用处大小，虽然是生来不同，但必经工匠的斧斤雕凿，良材方成栋梁和美术的器具，就是粗恶材料，也有相当的用处。教育的作用，亦复如此。未受教育的人，好像生材；已受教育的人，好像做成的器具。人类美点，可由教育完全发展；人类差点，也可由教育略为减少。请看世界万国，那教育发达的和那教育不发达的人民，智愚贤否迥然不同，这就是吾人必须教育的铁证人。

第二种疑问，乃是中国人普通见解，以为西洋各国不过此时国富兵强，至于文物制度，学问思想，未必事事都比中国优胜。

简单说起来,就是不信服西洋文明驾乎中国之上,所以不信服中国教育必须取法欧美。方才贵校校长张先生说:"此时西洋各国学术思想潮流,居世界之大部分,吾国不过居一小部分,只合一小部分随从大部分,不能够强教大部分随从一小部分,所以我们中国必须舍旧维新。"鄙人觉得张校长这话犹是对那没有知识比较中西文明优劣的人说法。其实吾国文明若果在西洋之上,西洋各国部分虽大,吾人亦不肯盲从,舍长取短。正因西洋文明远在中国之上,就是中国居世界之大部分,西洋各国居世界之最小一部分,这大部分的人也应当取法这一小部分。所以鄙人之意,我们中国教育必须取法西洋的缘故,不是势力的大小问题,正是道理的是非问题。秋桐先生方才说道:"西洋种种的文明制度,都非中国所及。单就经济能力而言,我们中国人此时万万赶不上。倘不急起直追,真是无法可以救亡。"鄙人以为秋桐先生此言,可谓探本之论。

　　吾人的教育,既然必须取法西洋,吾人就应该晓得近代西洋教育的真相真精神是什么,然后所办的教育才真是教育,不是科举,才真是西洋教育,不是中国教育。不然,像我们中国模仿西洋创办学校已经数十年,而成效毫无。学校处数固属过少,不能普及,就是已成的学校,所教的无非是中国腐旧的经史文学,就是死读几本外国文和理科教科书,也是去近代西洋教育真相真精神尚远。此等教育,有不如无。因为教的人和受教的人,都不懂得教育是什么,不过把学校毕业当做出身地步,这和从前科举有何分别呢?所以我希望我们中国大兴教育,同时我又希望我们中国教育家,要明白读几本历史洋文,学一点理化博物,算不得是真正的近代西洋教育。我们教育若想取法西洋,要晓得真正的近代西洋教育，有几种大方针：

第一，是自动的而非被动的，是启发的而非灌输的。

我国教育和西洋古代教育，多半是用被动主义、灌输主义，一心只要学生读书万卷，做大学者。古人的著书，先生的教训，都是神圣不可非议。照此依样葫芦，便是成功的妙诀。所谓儿童心理，所谓人类性灵，一概抹杀，无人理会。至于西洋近代教育，则大不相同了，自幼稚园以至大学，无一不取启发的教授法，处处体贴学生心理作用，用种种方法启发他的性灵，养成他的自动能力，好叫人类固有的智能得以自由发展，不像那被动主义、灌输主义的教育，不顾学生的心理状态，只管拼命教去，教出来的人物，好像人做的模型，能言的鹦鹉一般，依人作解，自家决没有真实见地，自动能力。此时意大利国家蒙得梭利 Moria Montessori 女士的教授法，轰动了全世界。她的教授法是怎样呢？就是主张极端的自动启发主义，用种种游戏法，启发儿童的性灵，养成儿童的自动能力；教师立于旁观地位，除恶劣害人的事以外，无不一任儿童完全的自动自由。此种教授法，现在已经通行欧美各国，而我们中国的教育，还是守着从前被动的灌输的老法子，教师盲教，学生盲从。启发儿童的图画等功课，毫不注意。拼命的读那和学生毫无关系的历史（小学生决不懂得自己与历史有什么关系），毫无用处的外国文，以为这就是取法西洋的新教育了。哈哈！实在是坑死人也！

第二，是世俗的而非神圣的，是直观的而非幻想的。

孔特分人类进化为三时代：第一曰宗教迷信时代，第二曰玄学幻想时代，第三曰科学实证时代。欧美的文化，自18世纪起，渐渐的从第二时代进步到第三时代，一切政治、道德、教育、文学，无一不含着科学实证的精神。近来一元哲学，自然文学，日渐发达，一切宗教的迷信，虚幻的理想，更是抛在九霄云外；所以欧美各国教育，都注重职业。所教功课，无非是日常生活的知识和技能。此时学校教育以外，又盛兴童子 Boy—Scout 的教育，一切煮饭、烧茶、洗衣、缝衣、救火、救溺、驾车、驶船等事，无一不实地练习。不像东方人连吃饭、穿衣、走路的知识本领也没有，专门天天想做大学者、大书箱、大圣贤、大仙、大佛。西洋教育所重的是世俗日用的知识，东方教育所重的是神圣无用的幻想；西洋学者重在直观自然界的现象，东方学者重在记忆先贤先圣的遗文。我们中国教育，若真要取法西洋，应该弃神而重人，弃神圣的经典与幻想而重自然科学的知识和日常生活的技能。

第三，是全身的，而非单独脑部的。

谭嗣同有言曰："观中国人之体貌，亦有劫象焉。"试拟以西人则见其委靡，见其猥鄙，见其粗俗，见其野悍，或瘠而黄，或肥而弛，或萎而伛偻，其光明秀伟有威仪者，千万不得一二！这是什么缘故呢？就是中国教育大部分重在后脑的记忆，小部分重在前脑的思索，训练全身的教育，从来不大讲究。所以未受教育的人，身体还壮实一点，惟有那班书呆子，一天只知道咿咿唔唔摇头摆脑的读书，走到人前，痴痴呆呆的歪着头，弓着背，勾着腰，斜着肩膀，面孔又黄又瘦，耳目手脚，无一件灵动中用。这种人虽有手脚耳目，却和那跛聋盲哑残废无用的人，好得多少呢？西洋教育，全身皆有训练，不单独注重脑部。既有体操发展全身的力量，又有图画和各种游戏，练习耳目手脚的活动能力。所以他们无论男女老幼，做起事来，走起路来，莫不精神夺人，仪表堂堂。教他们眼里如何能看得起我们可厌的中国人呢？

中国教育，不合西洋近代教育的地方甚多。以上三样，乃是最重要的。诸君毕业后，或教育他人，或是自己教自己，请在这三样上十分注意。

三、新教育之精神

我并没有什么学问，不过蒙海内同胞推奖，年来奔走四方，唤醒民气，也不过稍尽一点国民责任而已，实在抱歉得很。

今日承诸君之请，来此讲演，仓促之间，我也没有充分的准备；但诸君现在是读书师范学校，为教育界之重要分子，将来出身办事，主要是教育界上，又如社会上的中坚人物，而教育为国家的命脉所依托，故诸君的责任，实在非轻。我今天演说之题目，也就是新教育之精神。我对于新教育一项，素少研究，而在座诸君，尽是研究教育的，想平日对于教育一项特有心得，以不知教育的人，而对研究教育之人讲教育，岂不班门弄斧吗？

我所谓新，非绝对除去一切经史诗书考据，……之谓，更在知其所以新之道耳。譬如研究经史，而能知其新之法则，则昔日读圣经，考训诂，讲道学，仍然是新。若不然，哪怕日日读AB-CD，习数学，习理化，还不能够算得新，甚至比较旧的，还要差些呢！

今就以教育一方面讲，要怎样才算得新呢？我们中国的学校教书，是最腐败的，你看现在各省的学校，有些因经费都被外人拨扣，以致陷于无教育之地步，那是一不消说了！还有一些办得最热闹的，校舍固然好看，是"巍巍峨峨"的洋房，内面学生的教科如何？教员的教授法如何？以后学生的勤奋如何？一切都不管问；只顾外面好看——这是中国人的特性，非独办教育的如此，即凡百举动，亦莫不然。譬如架个茅厕一样，外面只用白灰粉粉饰，内面是屎是尿，臭不可闻，那都不管了。你看现在的学校，哪一个不是如此，都是以空相尚，讲究形式。学校的大权，掌在教长及少数教职员的手中，学生的困苦，全然不顾。教职员程度有不好的，学生不能非论，如有违着的，就拿那些诽谤师长，侮辱职员的条例来压迫学生，把学生当作机械的、被动的。学生只能在书桌子上做自己的功课，于外面社会上的实况，一点都不知道。学校是学校，社会是社会，出了学校，更不能在社会上立足，那还能望他改造社会吗？似这种学校，不过造出几个书呆子出来罢了！于国家没有一点益处，故今日要学新教育有几个要点。

1. 宜注意社会方面；
2. 当以学生为主体；
3. 打破形式的教育，以实际为主。

第一，怎样要注重社会方面呢？因为社会是我们人类组成的，我们人原是社会的成份，假如我们没有社会，那么，我们以一人，能够供给自己的要求吗？例如日常的用品，寝室的器具，断不是一个人可以做得到的。又如外界的侵袭——洪水猛兽之类，又不是一人可以防御得住的，故必定聚而为社会，顾我们人类同情协力之自然趋势。此自古各大学者所承认的，是以我们人类，是决不可与社会分离的人。教育是教养人类，使有经社会生活的能力人，故第一要注意社会方面，譬如教授小学的地理，若开口就讲巴黎、纽约如何繁荣，如何重要，他知道巴黎、纽约在哪块儿呢？我的意思以为教地理应先从本讲堂讲起，然后教本校的校址，以及本城市、本县、本省，实地考察，庶几学得有益处。若讲到历史一项，小学的历史教授只好取消，何故？要晓得小学生，本无学问可讲，他的教育宗旨，原是启导他的智能和开发他的思想。你若对他讲什么唐虞三代，五霸七雄，他的耳未曾听过，目未曾见过，他知道是什么？如此教授，不惟更差，适足以惑其思想，乱其脑力，故不如不要为好。又如教授理科，更用不着书本子了，顶好将本地方所产生的动、植、矿物的活标本，实地考察，还得益较多。其它如修身、农业、商业、图画等科，更好就社会的实在情况研究，使儿童能应用于社会上，得实在的效果。

第二，怎样要以学生做主体呢？从来我们中国的学校，都是把校长、教职员做主体，学生反放在客位，当作被动的和机械的。教员在讲堂上教授，只知把自己的学问和知识，装入学生的脑子内去，殊不知学生固有他的知识和学问，不得要拿先生的来装入进去；如先生的能够引导他们所能做的，启发他们所同有的，和学生自动的本能就是了。故现今大教育家杜威博士，他说："在当时，是先生教学生，若在今日，更是学生教先生了。"实在不错，怎么说？在当时先生教学生，只晓得把书本子装入学生的脑子里去，那更不消说了。若在今日小学教育，学生正当少年时代，恰如春天的草木一样，正是萌芽时期，他的脑髓，优园美满，思想力、记忆力，一切都比先生强得多。年幼的儿童的心理，还足以先生研究。若在教授时间，有些事情先生想不到的，而学生反而想得到，先生不能说明的，学生反能充分了解，并能提出许多疑问事情来，能启发先生的思想和脑力，这岂不是学生教先生吗？又如学生在校求学，于校中一切事情，知得明暸。而现今学校的事情，专靠着校长和少数教职员掌办，开口就说他们是研究教育有经验的人，先前他也做过学生过来，办学校一定是好的。殊不知，天下无百年不变的法则，没有一定的规矩，即我们中国的孔夫子，和西洋的亚里士多德，在当时，他的学说，是"质诸鬼神而无疑，俟诸百世而不惑"的，然至今日，又"时移事实"，那就不行了。要知教育的事业，是与世界一起变化的，若说"往日是先生教学生"为正理，今日是学生教先生为不正。专只就古时的理论，而不考察今日的事实，那就不可以了。学校的事情，学生所知的比较多，怎么说呢？学生在校内求学，所谓亲茬其境了。对于学校的事件，要如何改良？如何配置？如何办法？何者有益于学校？对于学生有不便利处，更要废除。何者学校缺乏，对于学生有益，更要兴办，学生一一透底明白。故学校若以学生为主体，遵学生提议办去，没有办得不好的。若靠着几个教职员，我恐怕办去，只有退步，那还能够与时俱进吗？系看现今的学校，哪一个不是以学生做客体，拿他当被动的机械的，学校的事情，学生不惟不能参与，反而动辄拿那些通则规例，来压迫学生，终日如此，教育又怎能与世界一齐进步呢？又何怪每一个学生，进了一个学校，至毕业后，若是压得背驼足软，了无生气呢？如此学校教育，只能造成一班奴隶性质的国民，只知道服从，那还能够自动吗？那还敢望他来出力为国家和改造社会呢？

第三，何以打破形式的教育，以实质为重呢？我们中国人，是最爱讲形式，不顾实际的，我听闻北京清华学校，建筑图书馆，费了三十几万，仅仅买了二万元银元的书，这又何苦要讲这种形式；若要不讲形式，多买些书，供众人阅览，岂不好吗？现今各省的学校，无一不是讲究形式，如外面的校舍，学生的制服，都是讲形式的，至内面学生的科学，教员的授法，却一切都不管同，这是什么缘故？因为我们中国的教育制度，自教育部起，至国民学校，都是讲究形式的。当真说起来，要打破形式教育，必先取消教育部人员起，因为他们是最好讲形式的，取消了他们，然后注重实际的教育，庶几较易。

还有最奇怪的，就是一般的农业学校，外面挂了某某农业专门学校的招牌，学生和教员，坐在学校内讲农业，外面田间的事情，不独不能耕种，简直一点都不知道。这种学校，我倒不晓得办了有什么益处？此外，尚有好多的学校，常常逼迫学生进校的时候缴纳制服费，学生无论在校内校外，一年四季，都是要穿制服，这又何苦要讲这种形式？甚至学生家里贫寒的，连学膳费钱都没有，哪有钱来缴制服费呢？并且学生在校，读书就读书，穿什么皮鞋，戴什么制服帽，若是穿便衣便帽，岂不是好么？再进一层讲，若留了些经费，把学生买书，岂不是更好吗？所以我劝诸君，此后出钱办事，不必讲形式，多注意实效就好了。那么，学校经费多，就多开办几班，学校经费少，就少办几班。把学生的科学，认真教，提高学生的自身必须的本能，切莫压迫他。至外面的校舍，那更可以不问——茅屋亦可以做学校，不必一定要洋房，没有桌凳，坐在地上亦可以讲学，只要认真教授，形式尽可以不管他。

以上三个意见，更是新教育之精神，我望诸君此后在教育界上办事，是最要注重的。第一，就是要注重社会方面，教学生，宜就社会上一般的事情，为儿童所时常知道的；或亲自看见的；

那就自然易于了解，没有"莫名其妙"的弊处了。第二，学校当以学生为本位，教育以启发儿童的本能，引起儿童的兴味，不可压制他。第三，更宜实事求是，不可虚张形式，讲尽外观。今天时间太仓促，自知没有十分准备好，有负诸君之雅意，还望诸君原谅，原谅罢！

孔子与中国

陈独秀

尼采说得对:"经评定价值始有价值;不评定价值,则此生存之有壳果,将空无所有。"所有绝对的或相当的崇拜孔子的人们,倘若不愿孔子成为空无所有的东西,便不应该反对我们对孔子重新评定价值。

在现代知识的评定之下,孔子有没有价值?我敢肯定的说有。

孔子的第一价值是非宗教迷信的态度:自上古以至东周,先民宗教神话之传说,见之战国诸子及纬书者,多至不可殚述,孔子一概摈弃之,其设教惟德行、言语、政事、文学四科(见《论语·先进》),又"子以四教:文、行、忠、信。"(见《论语·述而》)其对于天道鬼神的态度,见诸《论语》者:

子贡曰:"夫子之文章,可得而闻也;夫子之言性与天道,不可得而闻也。"(《公冶长》)

季路问事鬼神。子曰:"未能事人,焉能事鬼?"曰:"敢问死。"曰:"未知生,焉知死?"(《先进》)

"子不语怪、力、乱、神。"(《述而》)

"非其鬼而祭之,谄也。"(《为政》)

"祭如在,祭神如神在。"(《八佾》)

"获罪于天，无所祷也。"（《八佾》）

"务民之义，敬鬼神而远之，可谓知矣。"（《雍也》）

重人事而远鬼神。此孔墨之不同也，孔子之言鬼神，义在以祭享。为治天下之本，故《祭义》说："建国之神位，右社稷而左宗庙。"《祭统》说："凡治人之道，莫急于礼；礼有五经，莫重于祭。"至于鬼神之果有或无，则视为不可知之事，而非所深究；孔子之言天命，乃悬拟一道德上至高无上之鹄的，以制躬行，至于天地之始万物之母，则非所容心，此孔子之异于道家也。不但孔子如此，在儒道未混合以前，孔子的嫡派大儒如孟子如荀子，亦力唱仁义礼乐而不言天鬼。至战国之末，不知何人，糅合儒道二家之说，作《中庸》，《中庸》言华岳，又说："生乎今之世，反古之道，如此者烖及其身者也。"又说："今天下车同轨，书同文。"这明明是和李斯辈同时代人的口气，决非孟子之前东鲁子思所作。始盛称鬼神之德与天道，于是孔子之面目一变；汉初传《周易》者，取阴阳家《系辞》归之孔子，大谈其阴阳不测之谓神，大谈其幽明之故，死生之说，大谈其精气游魂鬼神之情状，大谈其极数知来，极深研几，探颐索隐，钩深致远，《中庸》犹说："素隐行怪，后世有述焉，吾弗为之矣。"犹说："道不远人，人之为道而远人，不可以为道。"大谈其河出图，洛出书。《论语》："凤鸟不至，河不出图"之说，大约亦此时窜入，崔述已辨此非孔子之言。《春秋纬》有"龙负河图，龟具洛书"之说，可证为阴阳家言。于是孔子之面目乃再变，董仲舒号为西汉大儒，实是方士，成、哀以后，谶纬大兴，刘氏父子著书，皆兼采儒与阴阳二家之说，班固、许慎承其谬，于是孔子之面目乃三变；东汉清帝，笃信谶纬，无耻儒生，靡然从之，白虎观讲议诸人，都是桓谭、王充所讥的俗儒，班固所纂集的《白虎通德论》，广引纬书，侈言三纲、六纪、五行、灾变，可说是集儒道糟粕之大成，然而桓谭还公言反谶，几以非圣无法的罪名见诛于光武，郑兴亦不善谶，乃以逊辞仅免。王充著《论衡》力辟神怪，贱儒贾逵以附和谶纬取媚民贼，亦尚言"五经家皆无证图谶明刘氏为尧后者"。到郑玄，他早年师事第五元，本是习京氏《易》、公羊《春秋》的，故晚年笃信谶纬，博采纬书神怪之言以注《毛诗》、《周礼》、《论语》、《孝经》、《礼记》、《尚书大传》等。至此孔子之面目乃四变，而与阴阳家正式联宗矣。从此贾逵、郑玄之学日显，桓谭、王充之说日微，影响于中国之学术思想不为小也。

孔子的第二价值是建立君、父、夫三权一体的礼教。这一价值，在二千年后的今天固然一文不值，并且在历史上造过无穷的罪恶，然而在孔子立教的当时，也有它相当的价值。中国的社会到了春秋时代，君权、父权、夫权虽早已确定，但并不像孔子特别提倡礼教以后的后世那样尊严，特别是君权更不像后世那样神圣不可侵犯；而三权一体的礼教，虽有它的连环性，尊君却是主要目的。这是因为自周平王东迁以后，王室渐陵夷，各诸侯国中的商业都日渐发达，景王之前，已行用金属货币。（见《周语》及《汉书·食货志》）郑桓公东迁新郑，与商人立"无强贾"、"毋匄夺"的盟誓。（见昭十六年《左传》）齐擅鱼盐之利，"人物归之，襁至而辐凑，故齐冠带衣履天下。"（见《史记·货殖传》）"管仲相桓公，通轻重之权，曰：岁有凶穰，故谷有贵贱；令有缓急，故物有轻重。人君不理，则畜贾游于市，乘民之不给，百倍其本矣。故万乘之国必有万金之贾，千乘之国必有千金之贾者，利有所共也。"（见《汉书·食货志》）"桓公曰：四郊之民贫，商贾之民富，寡人欲杀商贾之民以益四郊之民，为之奈何？"（见《管子·轻重篇》）"及周室衰，……士庶人莫不离制而弃本，稼穑之民少，商旅之民多，谷不足而货有余。"（见《汉书·货殖传》）由此可见当时的商业，已经动摇了闭关自给的封建农业经济之基础，由经济的兼并，开始了政治的兼并，为封建制度掘下了坟墓，为统一政权开辟了道路，同时也产生了孔子的政治思想。春秋之末，商旅之势益盛，即孔门的子贡亦"废著（《汉书》作"发贮"）鬻财于曹鲁之间，……结驷连骑，束帛之币以聘享诸侯。所至国君无不分庭与之抗礼。"（见《史记·货殖传》）是为战国白圭、计然、猗顿之先驱，这便是司马迁所谓"无秩禄之奉，爵邑之入，而乐与之比者，命曰'素封'"，"素封"势力愈盛，封建制度愈动摇，遂至诸侯亦日渐陵夷，大夫陪臣挟"素封"之势力，政权乃以次下移。孔子生当此时，已预见封建颓势将无可挽救，当时的社会又无由封建走向民主之可能，（欧洲的中世纪之末，封建陵夷以后，亦非直接走向民主，中间曾经过王政复兴君主专制的时代，Machiavelli 的君主大权主义，正是这一时代的产物。）于是乃在封建的躯壳中抽出它的精髓，即所谓尊卑长幼之节，以为君臣之义，父子之恩，夫妇之别普遍而简单的礼教，来代替那"王臣公、公臣大夫、大夫臣士、士臣皂、皂臣舆、舆臣隶、隶臣僚、僚臣仆、仆臣台"（见昭七年《左传》的十等制），冀图在"礼"的大帽子之下，不但在朝廷有君臣之礼，并且在整个社会复父子、夫妻等尊卑之礼，拿这样的连环法宝，来束缚压倒那封建诸侯大夫以至陪臣，使他们认识到君臣之义，无所逃于天地之间，以维持那日就离析分崩的社会。所以孔

门的礼教即孔门的政治思想,其内容是:

孔子曰:"天下有道,则礼乐征伐自天子出;天下无道,则礼乐征伐自诸侯出。自诸侯出,盖十世希不失矣;自大夫出,五世希不失矣;陪臣执国命,三世希不失矣。天下有道,则政不在大夫;天下有道,则庶人不议。"(《论语·季氏》)

孔子曰:"如有用我者,吾其为东周乎!"(《论语·阳货》)

齐景公问政于孔子,孔子对曰:"君君、臣臣、父父、子子。"(《论语·颜渊》)

子曰:"《书》云:'孝乎惟孝,友于兄弟'。施于有政,是亦为政,奚其为为政?"(《论语·为政》)

有子曰:"其为人也孝悌,而好犯上者,鲜矣;不好犯上,而好作乱者,未之有也。"(论语·学而》)

子路曰:"不仕无义。长幼之节不可废也,君臣之义知之何其可废也,欲洁其身而乱大伦。君子之仕也,行其义也。"(《论语·微子》)

孔子曰:"安土治民,莫善于礼。……故朝觐之礼所以明君臣之义也,聘问之礼所以使诸侯相尊敬也,丧祭之礼所以明臣子之恩也,乡饮酒之礼所以明长幼之序也,婚姻之礼所以明男女之别也,夫礼禁乱之所由生,犹坊止水之所自来也。……故婚姻之礼废,则夫妇之道苦,而淫辟之罪多矣,……聘觐之礼废,则君臣之位失,诸侯之行恶,而倍畔侵陵之败起矣。"(《礼记·经解》)

子云:"天无二日,土无二王,家无二主,尊无二上,示民有君臣之别也。"(《礼记·坊记》)

君臣、上下、父子、兄弟,非礼不定。(《礼记·曲礼》)

"是故礼者，君之大柄也，……所以治政安君也。故政不正则君位危，君位危则大臣倍，小臣窃，刑肃而俗敝。……故唯圣人为知礼之不可以已也，故坏国、丧家、亡人，必先去其礼。"（《礼记·礼运》）

哀公问于孔子曰："大礼何如，君子之言礼何其尊也？……"孔子曰："丘闻之，民之所由生，礼为大，非礼无以节事天地之神也，非礼无以辨君臣上下长幼之位也，非礼无以别男女父子兄弟之亲婚姻疏数之交也。"（礼记·哀公问》）

公曰："敢问为政如之何？"孔子对曰："夫妇别，父子亲，君臣严，三者正则庶物从之矣。"（《礼记·哀公问》，《大戴礼·哀公问》"庶物"作"庶民"）。

"是故君子之教也，外则教之以尊其君长，内则教之以孝于其亲，是故明君在上则诸臣服从，崇事宗庙社稷则子孙顺孝，尽其道，端其义，而教生焉。"（《礼记·祭统》）

曾子曰："忠者，其孝之本与！"（《大戴礼·曾子本孝》）

曾子曰："君子立孝，其忠之用，礼之贵。……君子之孝也，忠爱以敬，反是乱也。"（《大戴礼·曾子立孝》）

"天无二日，国无二君，家无二尊，以治之也。"（《大戴礼·本命》）

"女子者，言如男子之教而长其义理者也，故谓之妇人，妇人伏于人也，是故无专制之义，有三从之道，在家从父，适人从夫，夫死从子，无所敢自遂也。"（《大戴礼·本命》）

"出乎大门而先，男帅女，女从男，夫妇之义由此始也；妇人，从人者也，幼从父兄，嫁从夫，夫死从子。"（《礼记·郊特牲》）

"男先于女,刚柔之义也,天先乎地,君先乎臣,其义一也。"(《礼记·郊特牲》)

仲尼曰:"父子、君臣、长幼之道得,而国治。……父子、君臣、长幼之道合,德音之致,礼之大者也。"(《礼记·文王世子》)

不但孔子自己及他的及门弟子是这样,孔子之后,孔子的嫡派大儒孟子、荀子,他们的思想,无论对于天鬼,对于礼教,都是孔子的继承者。

齐宣王问曰:"齐桓、晋文之事可得闻乎?孟子对曰:仲尼之徒无道桓文之事者,是以后世无传焉,臣未之闻也。无已,则王乎?"(《孟子·梁惠王》)

"学则三代共之,皆所以明人伦也。人伦明于上,小民亲于下。有王者起,必来取法,是为王者师也。"(《孟子·滕文公》)

"当尧之时,……使契为后徒,教以人伦,——父子有亲,君臣有义,夫妇有别,长幼有序,朋友有信。"(《孟子·滕文公》)

"子未学礼乎?丈夫之冠也,父命之,女子之嫁也,母命之,往送之门,戒之曰:'往之女家,必敬必戒,无违夫子'!以顺为正者,妾妇之道也。"(同上)

"世衰道微,邪说暴行有作,臣弑其君者有之,子弑其父者有之。孔子惧,作《春秋》,《春秋》,天子之事也。……杨氏为我,是无君也;墨氏兼爱,是无父也。无父无君,是禽兽也。……昔者禹抑洪水而天下平,周公兼夷狄,驱猛兽而百姓宁,孔子成《春秋》而乱臣贼子惧。"(《孟子·滕文公》)

"君仁,莫不仁;君义,莫不义;君正,莫不正。一正君而

国定矣。"（《孟子·离娄》）

"礼有三本：天地者，生之本也；先祖者，类之本也；君师者，治之本也。无天地，恶生？无先祖，恶出？无君师，恶治？三者偏亡，焉无安人。"（《荀子·礼论篇》，《大戴礼·礼三本》，"生之本"作"性之本"，"恶"作"焉"。"无安人"作"无安之人"，后世天地君亲师并祀，即始于此。）

"君之丧所以取三年，何也？曰：君者，治辨之主也。……彼君子者（依俞樾说'君'下删'子'字），固有为民父母之说焉。父能生之，不能养之；母能食之，不能教诲之；君者，已能食之矣，又善教诲之者也，三年毕矣哉！"（《荀子·礼论篇》）

"上无君师，下无父子，夫是之谓至乱。君臣父子兄弟夫妇，始则终，终则始，与天地同理，与万世同久，夫是之谓大本。"（《荀子·王制篇》）

"故人道莫不有辩，辨莫大于分，分莫大于礼，礼莫大于圣王。……欲观圣王之迹，则于其粲然者矣，后王是也。彼后王者，天下之君也。舍后王而道上古，譬之是犹舍己之君而事人之君也。"（《荀子·非相篇》）

"故古者圣人以人之性恶，以为偏险而不正，悖乱而不治，故为之立君上之执以临之，明礼义以化之，起法正以治之，重刑罚以禁之，使天下皆出于治，合于善也；……今当试去君上之执，无礼义之化，去法正之治，无刑罚之禁，倚而观天下民人之相与也；若是，则夫强者害弱而夺之，众者暴寡而哗之，天下之悖乱而相亡不待顷矣。"（《荀子·性恶篇》）

"天子无妻，告人无匹也。（杨注云：告，言也；妻者，齐也；天子尊无与二，故无匹也。）四海之内无客礼，告无适也。

(杨注云：适读为敌。《礼记》曰：天子无客礼，莫敢为主焉。)……圣王在上，分义行乎下，则上大夫无流淫之行，百吏官人无怠慢之事，众庶百姓无奸怪之俗，无盗贼之罪，莫敢犯上之禁。"（《荀子·君子篇》）

这一君尊臣卑、父尊子卑、男尊女卑三权一体的礼教，创始者是孔子，实行者是韩非、李斯。（韩非、李斯都是荀子的及门弟子，法家本是儒家的支流，法家的法即儒家的礼，名虽不同，其君尊臣卑、父尊子卑、男尊女卑之义则同，故荀子说："礼者，法之大分，类之纲纪也。"司马迁谓韩非"归本于黄老"，真是牛头不对马嘴的胡说，这是由于他不懂得尊礼法与反礼法乃是儒法与黄老根本不同的中心点。）孔子是中国的 Machiavelli，也就是韩非、李斯的先驱，世人尊孔子而薄韩非、李斯，真是二千年来一大冤案。历代民贼每每轻视儒者（例如汉朝的高祖和宣帝），然而仍旧要尊奉孔子，正是因为孔子尊君的礼教是有利于他们的东西，孔子之所以称为万世师表，其原因亦正在此。近世有人见尊君等又尊夫之弊，而欲为孔子固护者，妄谓"三纲"之说盛倡于宋儒，非孔子之教，而不知董仲舒作《春秋繁露》，班固纂《白虎通德论》，马融注《论语》，都有"三纲"之说，岂可独罪宋儒，孔子、孟子、荀子虽然未说"三纲"这一名词，而其立教的实质，不是"三纲"是什么呢？在孔子积极的教义中，若除去"三纲"的礼教，剩下来的只是些仁、恕、忠、信等美德，那么，孔子和历代一班笃行好学的君子，有什么不同呢？他积极建立起来他所独有的伦理政治学说之体系是什么呢？周末封建动摇，社会的飓风将至，故百家立说，于治世之术都有积极的独特主张，小国寡民，无为而治，这是黄老的主张；兼爱、非攻、明鬼、非命，这是墨家的主张，尚好、好作，这是慎到田骈的主张；不法先王，不是礼义，这是惠施、邓析的主张；并耕、尽地力，这是农家的主张；儒家的独特主张是什么呢？除去三纲的礼教，他没有任何主张，孔子只不过是一个笃行好学的君子而已，人们凭什么奉他为万世师表呢？我向来反对拿二千年前孔子的礼教，来支配现代人的思想行为，却从来不曾认为孔子的伦理政治学说在他的时代也没有价值；人们倘若因为孔子的学说在现代无价值，遂极力掩蔽孔子的本来面目，力将孔子的教义现代化，甚至称孔教为"共和国魂"，这种诬罔孔子的孔子之徒，较之康有为更糊涂百倍。

《周礼·天官大宰》：师以贤得民，儒以道得民，吏以治得民。郑玄注云：师，诸侯师氏，有德行以教民者；儒，诸侯保氏，有六艺以教民者；吏，小吏在乡邑者；《地官大司徒》：联师儒。郑玄注云：师儒，乡里教以道艺者。是周之儒者，其地位与乡邑小吏同，其专职是礼、乐、射、御、书、数的六艺，贤属师，治属吏，非儒者之事，儒者所教的礼，当然说不上吉、凶、宾、军、嘉全部的礼，不过士民所需凶礼中的丧吊，嘉礼中的昏冠之礼节仪文而已，更说不上治术；若有人把孔门的礼教和孔子以前儒者所教六艺的礼并为一谈，便是天大的错误？孔子说："礼云礼云，玉帛云乎哉？""礼之所尊，尊其义也，失其义，陈其数，祝史之事也。"（《礼记·郊特牲》）孔子对子夏说："汝为君子儒，毋为小人儒。"（此所谓君子小人，与"小人哉樊须也"之小人同义，彼谓稼圃为小道末艺，非治国平天下的大道，此谓小人儒为习于礼、乐、射、御、书、数的小儒，非以礼教治国安民的君子儒。）这正是说礼之义不在礼节仪文之末，君子儒不以六艺多能为贵,所以孔子以后的利和儒,都有特殊的意义,儒是以礼治国的人,礼是君权、父权、夫权三纲一体的治国之道,而不是礼节仪文之末。不懂得这个,便不懂得孔子。

科学与民主,是人类社会进步之两大主要动力,孔子不言神怪,是近于科学的。孔子的礼教,是反民主的,人们把不言神怪的孔子打入了冷宫,把建立礼教的孔子尊为万世师表,中国人活该倒霉!

请看近数十年的历史,每逢民主运动失败一次,反动潮流便高涨一次;同时孔子便被人高抬一次,这是何等自然的逻辑!帝制虽然两次倒台,然而袁世凯和徐世昌的走狗,却先后昌言民国的大总统就是君,忠于大总统就是忠于君;善哉,善哉!原来中国的共和,是实君共和,还没有做到虚君共和!民国初年,女权运动的人们,竟认为夫妻平等,无伤于君父二纲;美哉,美哉!原来孔子三纲一体的礼教,是可以肢解的!这些新发明,真是中国人特有的天才。

孔子的礼教,真能够支配现代人的思想行为吗?就是一班主张尊孔的人们,也未必能作肯定的答复吧!礼教明明告诉我们:君臣大伦不可废,无君便是禽兽;然而许多主张尊孔的人,居然两次推翻帝制,把皇帝赶出皇宫,律以礼教,这当然是犯上作乱;一面犯上作乱,一面又力倡祀孔,这是何等滑稽的事!礼教明明告诉我们:天下有道则庶人不议;然而许多主张尊孔的人,居然身为议员,在国会中大议而特议!礼教明明告诉我们:"妇人,从人者也,幼从父兄,嫁从夫,夫死从子;"然而许多主张尊孔的人,居然大倡其女权,大倡其男女平等;这不是反了吗!礼教明明告诉我们:"信,妇德也,一与之齐,终身不改,故夫死不嫁。"(《礼记·郊特牲》)然而有些主张尊孔的人,自己竟和寡妇结婚。礼教明明告诉我们:"生,事之以礼,死,葬之以礼,祭之以礼。"(《论语·为政》)"父母在,朝夕恒食,子妇佐馂,既食恒馂。""非馂莫之敢饮食"。"子事父母,鸡初鸣,……妇事舅姑,如事父母,鸡初鸣。……以适父母舅姑之所,及所,下气怡声,问衣、燠、寒、疾、痛、苛、痒,而敬抑搔之,……枣栗饴蜜以甘之,堇、苴、枌、榆、免、薨,滫瀡以滑之,脂膏以膏之,父母舅姑必尝之而后退。"(《礼记·内则》)然而主张尊孔的人,都这样孝敬父母吗?非父母舅姑之馂余不敢饮食吗?有些还要离开父母舅姑组织小家庭哩!礼教明明告诉我们:"男不言内,女不言外,""内言不出,外言不入。""女子出门,必拥蔽其面,""七年,男女不同席,不共食。"(《内则》)"男女非有行媒不相知名,""男女不杂坐。"(《曲礼》)然而尊孔的人,能够愿意千百万女工一齐离开工厂,回到家庭,使之内言不出吗?能禁止男女同学吗?他们宴会时不邀请女客同席杂坐共食吗?他们岂不常常和女朋友互换名片,社交公开吗?不但女子出门不蔽面,大家还要恭维学习美人鱼哩!礼教明明告诉我们:"男女授受不亲。"(《孟子》,《礼记》)"非祭非丧,不相授器,其相接,则女受以篚,其无篚,则皆坐奠之而后取之。"(《礼记·内则》)然而尊孔的人,不但男女授受可亲,而且以握手为礼,搂腰跳舞,而且男子生病会请女医诊脉,女子产儿会请男医收生,孔子若活到现在,看见这些现象,岂不要气炸了肺吗?这班尊孔的人们,大约嘴里虽不说,心里却也明白二千年前的孔子礼教,已经不能支配现代人的思想行为了,所以只好通融办理;独至一件与他们权威有碍的事,还是不能通融,还得仰仗孔子的威灵,来压服一班犯上作乱的禽兽，至于他们自己曾否犯上作乱，这本糊涂账，一时也就难算了。孔子的三纲礼教所教训我们的三件事：一是"事君，可贵、可贱、可富、可贫、可生、可杀，而不可使为乱"（《礼记·表记》）；一是"父母怒，不悦而挞之流血，不敢疾怨，起敬起孝"（《礼记·内则》）；一是"寡妇不夜哭（郑注云：嫌思人道），妇人疾，问之不问其疾"（郑注云：嫌媚。略之也，问增损而已）；"寡妇之子，不有见焉，则弗友也"（均见《礼记·坊记》）。分之尊孔者，对于第二第三教训，未必接受，对于第一个教训，倒有点正合孤意了，他们之所以尊孔，中心问题即在此；汉之高帝宣帝以及历朝民贼，并不重视儒生，而祀孔典礼，则历久而愈隆，其中心问题亦即在此；孔子立教之本身，其中心问题亦即在此。此孔子之所以被尊为万世师表也。如果孔子永久是万世师表，中国民族将不免万世倒霉，将一直倒霉到孔子之徒都公认外国统监就是君，忠于统监就是忠于君，那时万世师表的孔子，仍旧是万世师表，"三月无君则皇皇如也"的孔子之徒，只要能过事君的瘾，盗贼夷狄都无所择，冯道、姚枢、许衡、李光地、曾国藩、郑孝胥、罗振玉等，正是他们的典型人物。

人类社会之进步，虽不幸而有一时的曲折，甚至于一时的倒退，然而只要不是过于近视的人，便不能否认历史的大流，终于是沿着人权民主运动的总方向前进的。如果我们不甘永远落后，便不应该乘着法西斯特的一时逆流，大开其倒车，使中国的进步再延迟数十年呀！不幸的很，中国经过了两次民主革命，而进步党人所号召的"贤人政治"，"东方文化"，袁世凯、徐世昌所提倡的"特别国情"，"固有道德"，还成为有力的主张。所谓"贤人政治"，所谓"东方文化"，所谓"特别国情"，所谓"固有道德",哪一样不是孔子的礼教在作祟呢?哪一样不是和人权民主背道而驰呢?

人们如果定要尊孔,也应该在孔子不言神怪的方面加以发挥,不可再提倡阻害人权民主运动,助长官僚气焰的礼教了!

不塞不流,不止不行,孔子的礼教不废,人权民主自然不能不是犯上作乱的邪说;人权民主运动不高涨,束手束足意气销沉安分守己的奴才,那会有万众一心反抗强邻的朝气。在这样的政治环境之下,只能够产生冯道、姚枢、许衡、李光地、曾国藩、郑孝胥、罗振玉,而不能够产生马拉、丹东、罗伯斯庇尔。幸运的是万世师表的孔子,倒霉的是全中国人民!

东西文明异同论

辜鸿铭

辜鸿铭（1856～1928），名汤生，福建同安人，中国近现代著名学者。曾留学英、法、德诸国，精通数国语言，辛亥革命后任教于北大，系北大著名教授，学贯中西。推崇儒家学说，反对新文化，著有《读易堂文集》等，译有《痴汉骑马歌》，又以西文介绍儒家经籍，将《中庸》、《论语》等译成英文，撰有《春秋大义》。

我应大东文化协会的邀请来到日本时，只准备了三个演讲题目。因此，一直到两三天前，关于今晚的讲演，还没有想好要讲什么。好容易想到了"东西异同论"这个题目，遗憾的是已没有充足的时间准备了。因此，我所作的讲话中可能有些零乱不系统，如果这样，希望诸位不要予我以苛责。

有名的英国诗人吉卜林（Kipling）曾说："东就是东，西就是西，二者永远不会有融合的时候。"这句话在某种意义上说有它的合理处。东西方之间确实存在着很多差异。但是我深信，东西方的差别必定会消失并走向融合的，而且这个时刻即将来临。虽然，双方在细小的方面存有许多不同，但在更大的方面，更大的目标上，双方必定要走向一起的。

因此，所有有教养的人，都应为此而努力，为此而做出贡献，而且这也是有教养人们的义务。

不久前，一个德国友人定居在广东，他非常关心东洋文明，他死的时候，我给他做了墓志铭："你最大的祝愿，是实现东西方优良方面的结合，从而消除东西畛域。"

因为常常批评西洋文明，所以有人说我是个攘夷论者，其实，我既不是攘夷论者，也不是那种排外思想家。我是希望东西方的长处结合在一起，从而消除东西界限，并以此作为今后最大的奋斗目标的人。因此，今晚我给大家讲讲东西文化之间有哪些差异。

东西文明有差异是理所当然的。从根本上说，东洋文明就像已经建成了的屋子那样，基础巩固，是成熟了的文明；而西洋文明则还是一个正在建筑当中而未成形的屋子，它是一种基础尚不牢固的文明。

一般说来，欧洲文明根源于罗马文明，而罗马文明又像诸位所知道的那样根源于古希腊文明。在罗马帝国灭亡后，欧洲人民就创造了一种新的文明——巴罗克文明，也就是欧洲中世纪文明。那时的欧洲虽然处在野蛮时代，但是随着基督教的兴起，蛮人逐渐进步，从而开始创造文明，而后，众所周知，文艺复兴时代到来。

恰巧与之相对应的是中国六朝的文艺复兴时代。众所周知，此时正是五胡乱华，而罗马人的古典文明也是被五个蛮族集团消灭的。从此欧洲人就以基督教和圣经为蓝本（基础），创造了新的巴罗克文明。

然而，随着欧洲人知识的进步，过去的宗教文化就不能适应了，如同中国在唐代兴起文艺复兴一样，在欧洲，有了意大利文艺复兴，进而有马丁·路德的宗教改革。为此，欧洲经历了四十多年的战争，终于成功地实现了改革，后来到了法国大革命，它是以改变政治结构为主要目的的。但社会自身却并未有所变化。因此，经历了上次的欧洲大战之后，欧洲人所面临的问题是改造社会，因此社会主义、过激主义四处兴起，过激主义的目的是彻底破坏旧的东西而制造新的东西。这种"破坏性"的主义，也是欧洲社会中必然产生的结果。所以，欧洲文明，实如同一个正在改造、构筑、建设当中的屋子。

而我们东洋的文明，则不仅已构成了屋子，而且已经住上了人。东西文明的差别就由此而生。有"文以载道"这样一句话，"文"即"文学"，在中国，文学可以说是教给人们正确的人生法则的东西，西洋人长时间内为了寻找这真正的人生道路，作出了很大的努力，但至今未果。而中国人依据四书五经，就可以明"道"。很遗憾，欧洲没有这样的东西。欧洲有的是基督教。基督教叫人们怎样去做一个好人。而孔子学说则教人怎样成为一个良好的国民，努力做一个好人当然是好事，但这并不是一件什么难事。比如登山拜神即可成为一个好人，而想做好一个良民，则须知"五伦"，这却是一件相当难的事。

为寻找正确的人生之道，欧洲学者提出了多种主张，如斯宾塞、卢梭等等。他们的主张从某个方面看是正确的，但是作为一个整体来看，它是不完善的，不是那种真理性的东西。诸君如果以为它们完全正确而予以汲取，那是非常危险的。

下面，我想分五条，讲一讲东西方的差异之处。第一，个人生活；第二，教育问题；第三，社会问题；第四，政治问题；第五，文明。以上五个问题，无论哪个范围都很广，非一晚所能尽述，故今晚我只拣重要的说一说。

首先，我们考察一下个人生活。

作为个人，我们必须首先考虑的是人的生活目的。换言之，即人应该做些什么？什么是人？对此，英国思想家弗劳德说："我们欧洲人，从来没有思考过人是什么？"也就是说，作为一个人，是指当一个财主好呢？还是去做一个灵巧的人好呢？关于这个问题，欧洲人没有成型的看法，由此可见，说欧洲人没有正当的人生目标，不是我一个人，欧洲第一流的思想家也持与我同样的意见。

相反，我们东洋人则早已全然领会了人生的目的，那就是"入则孝，出则悌"。即在家为孝子，在国为良民。这就是孔子展示给我们的人生观，也就是对于长者即真正的权威人士必须予以尊敬，并听从他的指挥。"孝悌仁之本"，是中国人的人生观，也是东洋人的人生观。

关于人生观方面，再一个差别就是，欧洲人认为人生的目的在于运动，而我们东洋人认为人生的目的在于生活。西洋人为运动而生活，东洋人则为生活而运动，他们是为赚钱而活着，我们则是为享受人生而创造财富，我们不把金钱本身作为人生的目标，而是为了幸福而活动。孔子说："仁者以财发身，不仁以身发财。"那意思就是好人为了生活而创造钱财，而恶人则是舍身去赚钱一样。西洋人，尤其是美国人，为了赚钱连命都不要，这就是东西方人的差异之处。也就是说，西洋人贪得无厌不知足，而东洋人则是知足者常乐。为了东西方能真正地走到一起，他们西洋人必须改变自己的做法，而采取我们的办法。

下面谈一下教育。

欧洲的教育目的,在于怎样做一个成功的人,怎样做一个能适应社会的人。常常有西洋友人对我说:我们是生活在二十世纪,而你们则由于还在接受十九世纪的教育,所以就无法成功。实际上,我们东洋的教育,不仅能使我们的子弟适应现代社会的生活,而且还能促使现代世界向着更美好的方向发展。孔子说:教育的目的在于称做"大学"的根本之上。那就是"大学之道,在明明德",也就是发现人们所固有的辨别道德的能力,这就是教育的目的。必须成为一个为社会所推崇的人,成为一个聪慧的人,也就是说,教育的目的,在于为了明德,在于为了创造一个新的更好的社会而培养人才。《大学》中的"作新民"之"民"不是指人民,而是指社会,创造新的更好的社会是高等教育的目的,这才是孔子的本意。诸位,共同努力为创造一个新的世界、新的社会而奋斗,努力做一个更好的法学家,良好的工程师,共同创造出一个美好的社会。

下面再谈谈东西洋教育方法的差异。

在中国,初等教育和高等教育有一个清楚的划线:在初等教育阶段,主要是教孩子们使用他们的记忆力,而不注意让他们使用判断能力。首先让他们通晓祖先留下来的东西,而在西洋,从孩提时代起,就对他们灌输艰深的哲学知识。在中国则是在高等教育阶段方才对学生讲授深奥学问的。我认为这是难能可贵的办法,把像哲学那样深奥玄虚的东西讲给孩子们听是不合适的。尤其是对女孩子,还是不教为好。

还在爱丁堡做学生的时候,我们曾组织了一个七八人互相钻研、共同进步的学习小组,互相学着写论文。有一回,其中一个人说，这样好的论文是否可以发表？另外一个人反对说，这样的东西不能出版。大家于是就根据这个人的主张，约定四十岁以前不出东西，因为我们必须对我们的问世之作有确切的把握才可，而这在四十岁前是办不到的。

孔子说："四十而不惑。"我是坚决地遵守着这个约定的。我第一部书出版时正值四十一岁。虽然现在日本连中学生都可以出杂志，但我觉得还是禁止为好。

第三，谈一谈东西社会的差异。

东洋的社会，立足于道德基础之上，而西洋则不同，他们的社会是建筑在金钱之上的。换言之，在东洋，人与人之间关系是道德关系，而在西洋则是金钱关系。在东洋，我们注重的是名份。

试想一下，在封建时代，当领主对家臣说："你必须服从我"，而家臣反问"为什么"的时候的情形。那时，领主会很简单地回答道："根据名份，我是你的主人。"如果家臣又问："是什么样的名份？"领主又会回答："是大义名份。"

然而在现在的日本，暴发户对下人说："你必须服从我！"如果工人反问："为什么？"那时暴发户将回答："是依据名份。"可如果工人再追问："根据什么名份？"暴发户将回答："是金钱名份。"（指金钱关系、财产等级所导致的人与人之间的关系）这不是大义名份。可是在美国，名份完全以金钱为基础。在东洋，人与人之间的关系，实在是神圣的道德关系，夫妻、父子、君臣都是天伦关系。而在美国，人与人之间只是利害关系，人们之间的关系建筑在金钱的基础之上。

而东洋社会则建立在"亲亲、尊尊"这样的两个基础之上，也就是社会亲情和英雄崇拜（Affection and hero—worship）。我们热爱父母双亲，所以我们服从他们，而我们所以服从比我们杰出的人，是因为他在人格、智德等方面值得我们尊敬。

如果金钱成为社会的基础，那么，社会就有堕落到这种状态的危险。

《中庸》上说："仁者人也，亲亲为大。义者宜也，尊贤为大。"如同上面所讲的那样，我们服从父母是因为我们热爱父母；我们服从贤者，是因为我们尊敬贤者，这就是东洋社会的基础。诸位来听我的这个讲演，是因为诸位有尊贤之心，尽管我实在没有这样的资格。

下面谈谈政治。

关于政治，我以为可以分为三阶段。政治的构成是以保护人民的安宁为目的的，在它的初期，文化尚不发达，人民愚昧无知，同小孩相似。那时候为了保证社会的秩序和安宁，换言之，就是针对少数人做坏事该采取怎样的措施？为此统治者说："你们不得做坏事，如果做坏事，就要受到神的惩罚。"在中国，这种政治方式被叫做"神道设教"。这便是初期的政治。

帝政时期的欧洲是通过基督教来统治人民的。但是，随着文艺复兴运动的兴起，人民日渐觉醒，不再信神了，相应的也就不怕神灵的惩罚了。因此，欧洲的统治阶级，尤其是普鲁士国王，便实行警察统治，依靠警察来保障社会的安宁和秩序。也就是说，文艺复兴之后的欧洲，所行的是强权政治。最近的欧洲大战，就是这种强权政治的结果。这并不是我个人的意见，英国伟大的思想家卡莱尔就说"欧洲社会是混乱加上警察"（即警察统治的无政府社会），他的意思就是说，欧洲政治如果放弃强权，第二天就会乱作一团。

因此，怎样摆脱强权政治，就是战后欧洲所面临的重大问题。

然而，在我们东洋，我们既没有那样的对神的恐惧，也没有对警察的恐惧。那么我们怕什么呢？因为怕什么才维持了我们社会的秩序呢？那就是良心！那就是廉耻和道德观念！正因为忌讳这个，我们才不干非礼之事。在中国，归还借的钱，并非因为怕律师，也不是怕法院的追究，不还所借的钱，对自己来说是一种耻辱，是因此而还钱而非为别的。我服从中国的天子并非出于害怕，而是出于尊敬。也就是说，我们遵守的是三纲五常，一旦有了这个，就不用警察了。当然，在中国也并非满街圣人、人人君子，坏人还是有的，所以警察也还是要的。我只是说，一般的纠纷，依据礼义廉耻就可以解决，所以警察用不着那么多。在这一点上，是值得欧洲人好好学习的，而我们则没有向他们学习的必要。

最后，也就是第五，讲讲东西文明的差异。

关于这个，我们得首先考虑一下文明的意思。所谓文明，就是美和聪慧。然而欧洲文明是把制作更好的机器作为自己的目的，而东洋则把教育出更好的人作为自己的目的，这就是东洋文明和西洋文明的差别。常有人说，欧洲文明是物质文明，其实欧洲文明是比物质文明还要次的机械文明。虽然，罗马时代的文明是物质文明，但现在的欧洲文明则是纯粹的机械文明，而没有精神的东西。

举个例子说明一下，比如写东西，西洋人使用打字机，这样，我们所有的表现美的手法，就难以发挥出来。

再一个就是在西洋，连招呼自己家的佣人都用电铃。而在东洋，则这样做（打一个手势）马上就可以叫来佣人，而这样做要好得多。在日本，现在也开始采用西洋的机械文明了，要想从明天开始就校正它是困难的，但是应该考虑到他们的文明是错误的，我们有必要在一边采用他们的文明的同时，一边要加以修改。如果说，现在无法排除已经从他们那儿学来的机械文明，那么，就不要再增加了。

最后，为了在东京向诸位道别，我还想再说一两句。我在日本所作的讲演中，对日本颇加赞扬，这是我的真正公正的评价，但是一些外国论者歪曲说是对日本人的讨好。实际上我根本没讲讨好日本人的话，如果说讨好，也没有必要讨好日本人，要讨好毋宁讨好中国人，应该拍袁世凯、曹锟的马屁，那样的话，至今我不是大总统也是总理大臣了。因此说我讨好日本人纯粹是诬蔑。我赞扬了日本，因为赞扬也就相应地希望诸位把日本建设得更好。我常说日本人实在是了不起的国民，对于这样赞誉，诸君应该了解到诸位的责任更加重大。

在孔子的书里有这样一句话，叫"责备贤者"。它的意思就是高尚的人，领导社会的人，站在社会前列的人，应负有更大的责任。诸位是社会的指导者，因此诸位不要忘记你们身负有比一般人更重大的责任。

一般的人，即使做了坏事也没什么大害，而有教养的人，引人注目的人，也就是像诸位这样的人，如果做了坏事，那就将给社会带来非常恶劣的影响。我留了这样的辫子，不是出于个人的喜好，而是出于对满洲朝廷的忠节而保留的。切望诸君不要有负于我对日本的称赞，做一个高尚的人。

中国文明的历史发展

辜鸿铭

以前,我们只知道我们东方的文明。但现在,一种新的文明来到了我们面前,这就是欧洲文明。

要想理解欧洲文明,首先必须充分了解摆在我们面前的各种文明,必须对其进行深刻的探究。在对各种文明的研究上面,我曾花了很长的时间。我在研究了中国固有的文明和西方文明之后,得出了一个结论,即这两种文明在发展形式上是一样的。我听说的欧洲文明不是现在我们所见到的欧洲文明,不是这种不健康的文明,而是真正的欧罗巴文明。常有人说,东方文明比欧洲文明古老得多,东方文明在产生时间上也比西方文明要早。但是,我认为欧洲文明同东方文明同样经历了漫长的岁月。东方文明在周朝时代走向成熟,而欧洲文明的高峰是在伯里克利时代。周朝同伯里克利时代差不多在同一时间。在相当于古希腊苏格拉底的孔子去世之后,不过一年的时间,苏格拉底也离开了人世。但是,东西方文明也有一点区别,那就是东洋文明有连续性,而西洋文明则常因为外在文明的入侵而出现波折。

若想知道中国文明的进化,就必须了解中国历史。因此,下面我想谈一谈中国文化和中国历史。中国文明真正的起点是在夏代,以后经历了商代、周代。在西方,与中国夏文明对应的是古埃及文明，与中国商朝相对应的是犹太文明，在中国周朝的文化达到最高潮的时候，欧洲也相应盛开了古希腊文明之花。中国文明开始于夏代，发展于商代，全盛于周代。据我的研究，中国的夏代，像西方的古埃及一样，是物质文明发展的时期。在夏代，正如我们大家都知道的，出了一个名叫禹的皇帝，他在兴修水利上获得成功，由此可以看出，当时有着相当发达的物质文明。在这时的埃及，则修建了金字塔和运河。再看看那个时代的绘画，就可以更加明了那个时代物质文明发达的程度。那以后，在商代，中国文明在道德以及心的方面，在形而上学的方面得到了相当的发展。周朝主要发展知的方面。与此相同的是，在西方，犹太文明也在道德上得到发展，耶稣的《圣经》就是这个时代的产物。这本经典主要谈道德问题而很少论及智的问题，待到古希腊文明时代，智的文化得到相当的发展。巧合的是，在中国此时的周朝，智的方面的发展也完成了第一阶段。为了搞清周代的文明同古希腊灿烂的文明是一致的，我下面引用孔子的一段话，"周监于二代，郁郁乎文哉，吾从周。"这表明，周文化同古希腊文明是对应的。我以前曾说，现代欧洲文明所以庸俗丑陋，是因为荒废了古希腊文化的修养。

　　按这样的顺序，中国文明在进化的第一阶段——周代走向了完备，但这时的文明就像花朵那样，开蕾之后，就逐渐枯萎了。周代文明凋落的征兆就在于特别重视知的方面。通俗的说法就是重脑而不重视心，就是人们只注重知事而忽视行事。如果拿现代中国和日本相比较的话，中国人只是口头饶舌，而懒得去做，日本人是口头上不怎么说，但却认真地付诸行动。因此诸君不仅要知，而且还要去行动。日本人不仅口头上讲武士道，在实际行动上，也行武士道。

中国文明之花的凋落就从过于重视知的时候开始。以后，中国文明就朝着两个方向发展，一方面是老、庄学说的兴起，另一方面是礼仪的进步。即便现在的中国也是这样，学者称不上真正的学者，而是读诗文的艺人，一个劲地吵嚷不休。所谓"礼"就是艺术，它不仅仅限于西方人通常所理解的艺术只包括绘画、雕刻一类，还包括行为的艺术，活动的艺术。在这里，我想对日本的财主进一言，希望他们在去中国的时候，不要把钱花在购买什么骨制古董、周代遗留下来的破败不堪的桌椅、雕刻之类。与其这样，还不如把这些钱花在真正继承了日本古代艺术的妇人之上。用在日本妇女身上，才真正体现了日本传统的美德。

孔子就刚才述说的两个流弊曾告诫他的弟子："攻乎异端，其害也已。"所谓异端，指的就是像老庄哲学这类的学说。对像卡恩多·海因格尔、塔戈尔·拉茨萨尔等异端邪说不加攻击，对保全完整的人格，是有害的。像这些异端学说，诸如老庄之类，把其作为药剂来使用还是可以的，但如果当饭来吃就有弊无利。像拉茨萨尔这样的思想对欧洲社会是必要的，因为欧洲社会是个不健康的社会，它需要这样的药剂，他的这种思想对于一个健康的社会，人格健全的国度是没有什么必要的。我们东洋人，无论是中国还是日本都未患什么病，所以，也就不需要这种思想。孔子批评只注重礼乐形式的流弊时说："礼云礼云，玉帛云乎哉？"很对不起，听说日本政府打算在上海建一座博物馆，我认为其中拟议陈列的骨制古董不是真正的艺术品，在我看来，与其把钱花费到建筑博物馆之上，不如给贫穷的日本妇女一些帮助更好。

为了校正中国文明过于向知和礼仪方面发展的偏向，为了挽救中国文明，孔子想了不少办法，但都没有能成功。就如同住了不知多少代的破旧的、即将倾覆的房子一样，无论怎样修补也无济于事。处在这种场合的时候，诸位打算怎么办呢？若在西洋，会赶紧给这房屋设立保险，但遗憾的是，孔子的时代，保险公司还不知道在哪儿呢！因而，孔子只留下了一幅建设一个文明大厦的蓝图，那就是《六经》。因为有这《六经》，我们就可以按原来的式样，重建文明的家园。但是，目前在这方面，我们有负于孔子的重托。我不仅希望中日两国人民不要丢弃这幅宝贵的蓝图，而且我对专门研究按这设计图重建文明的方法为目的的大东文化协会十分欣赏，我希望在座诸位能给予一些帮助。

由于人们注意的重点转到智的方面，因而就出现了很多学者，由于这些人没有什么教养，所以可以称之为"乱道之儒"。经这些乱道之儒、政治贩子、说客等辈的捣乱，最终毁灭了中国文明。最先认识到这些人是国家大害的人是秦始皇。秦始皇在看到他们的危害之后，就断然实行"焚书坑儒"。不过，我如果生活在那个时代，或许也是被坑的一个。秦始皇认为，当时的社会既不需要文化，也不需要学者，它需要的是法律。因此，他重用法家，但依靠法律维持的文明并没有持续多久。因为秦始皇以官吏取代学者，就使他的事业归于失败，因此秦朝的统治不过二世就垮台了。有意思的是，秦始皇使分崩离析的中国合而为一，而恰好此时，欧洲兴起的马其顿帝国将分裂混乱的希腊统一起来，但这个马其顿帝国也只经历了腓力二世和亚历山大一世，不过两代人就灭亡了。

继秦而起的是汉朝，汉朝的第一个皇帝是中国历史上最初的平民君主，也就是"布衣天子"。在汉朝以前的封建制时代，居统治地位的人们是以自己的身份地位来让民众服从，但随着秦朝的灭亡，封建制瓦解，到汉朝以后，贵族再也不能依靠身份进入统治者的行列了，统治者若不依靠强权就不能服众。汉朝的皇帝是依靠"汗马功劳"才得到皇位的。前文曾说过，袁世凯当皇帝不是依靠"汗马功劳"而是依靠电台、报纸等宣传力量，因此我们不服从他。

真对不起，我说的尽是中国的事，我在中国被人称作"神经有毛病"的辜鸿铭。由于上述原因，在现代中国，我是个不受重用的人，然而日本人却颇能理解我的心境。我至今仍留着发辫也是基于上述原因。

汉高祖以武力征服了天下，尔后又想用武力来治理天下，但是，当时的一位大学者谏议他说，治理这样一个大帝国，必须借助道德的力量，也就是文化。皇帝听从并实施了这位学者的建议，从而使一度在中国大地上消失的文明又重新回到中国，苟延残喘到汉初的学者又把孔子留下的蓝图重新进行整理。由此，我认为汉代的中国可以同欧洲罗马时代相提并论，与欧洲罗马帝国分为东西罗马的同时，中国的汉代也分为东汉、西汉两个时代。在西汉时代，虽然开始了对孔子留下的蓝图的研究，但当时还仅仅停留在研究阶段，因而对孔子的学说尚未有充分的理解。实质上，政府还是在以武力去治理天下。这个时代最为兴盛的学问是"黄老学派"，同西方此时的斯多噶学派相对应。这派思想有一个缺陷，那就是它是教人们"无为"的，而不是教人们应该怎样做事。所以如此，主要还是由于时人未能真正理解孔子思想的缘故。于是就导致了儒者和侠士的大量出现。这种情况在司马迁的《史记》里得到了反映。后世把这些儒者称为"乱道之儒"。以后，又兴起了一支叫"新学"的流派，这"新学"导致了人们思想的迷惘。再后来，就出现了恰同现代袁世凯的王莽。可以说"新学"一出现，所谓"大义名分"就走向消亡了。中国每在混乱的时刻都有这样的正邪之争，我现在就在为捍卫大义名分而奋斗。中国现在就是混乱的时代。王莽被贼众灭亡之后，建立东汉王朝的是光武帝，他虽不是什么伟大学者，但他具备有伟人的优秀品质，他能够区分什么是真正的学问，什么是假的丑恶的思想，由于他的努力，真正的中国文明又回复过来，以孔子的学说作为国教的就是此人。如果说在西汉，孔子的教义还只是一种哲学的话，到东汉则完全变成了国教。而且，光武帝还在孔子庙里建了一所学校，这所学校有些像法国苏伦坡大学那样，是供伟人演讲的场所。我希望日本的大东文化协会成为日本的苏伦坡大学。那时，皇帝偶尔也会出现在这种场合，聆听学者的讲论。

如上所述，中国文明之花盛开于周代，灭亡于秦始皇之世。到东汉时代又出现了中国文明的复兴，孔子的思想成为中国的国教。因此，最完美的人格象征是在东汉出现的，这个时代还产生了两本优秀著作：《孝经》、《女诫》。但东汉王朝并未存在多久，因为它有一个缺陷，即只注重"心"的方面。在周代，人们对"知"的方面倾注了过分的热心，但到东汉时代，一切都反过来了，人们对"知"的东西是不闻不问，却在"心'的方面下了很多功夫。为了弥补这个缺陷，便有了佛教哲学的兴起，因为佛教恰恰就在此时传入了中国。佛教所带来的"知"的东西，同孔子思想中"仁"的方面相结合，形成了一种新的思想，它使得中国进入了一个浪漫的时代，即三国时代。佛教给中国文明增添了不少色彩，但同时也招致了混乱。中国社会的政治就因此走向了堕落，从而为少数民族入侵提供了机会，以后就有了"五胡乱华"。这同现代中国被五个大国欺凌是同样的。而欧洲的古罗马也是被五个蛮族集团灭亡的。很有意思，历史竟如此地相似。那以后，五胡统治中国长达二百多年的时间，我希望今日五大国的统治不要太长。

五胡统治结束后，随之而来的是六朝，之后又是唐朝，这个时代的情景类似西欧文艺复兴时代，中国出现了文化的繁荣。由此，我认为，现代中国在五大国的统治结束后，我们的文艺复兴时代将会再度到来。唐代的文化是相当美丽、纤巧的。但也由于它太美丽、稚弱，所以它容易染上虫子，而这些虫子就开始了毁灭它的过程。那虫子就是"文弱之病"。它导致了社会的堕落，尤其在男女关系方面非常混乱，甚至宫廷内出现了很多丑闻。以美人而闻名的杨贵妃就是这个时代的产物。因为这个杨贵妃，中国历史就进入了暂时的分裂时期。

为挽救流于文弱的中国文明，出现了推崇真正的孔子学说法的学派，即"宋代儒学"，同欧洲相比，汉代儒学相当于古罗马的旧教，而宋代儒学则类似新教。众所周知，在欧洲出现了马丁·路德，经他的手创立了新教派，在中国起路德作用的是韩愈。由他发起了"新儒学"运动。韩愈虽然生在唐代，但从他的行为思想来考察，他应是宋代人。宋代的学者弥补了唐代文化的缺陷，努力地使中国文化趋于完美。为此，他们吸收了不少佛教的东西。大家都知道，佛教是个有严密体系、有深刻内涵的宗教，它像药引一样可以治疗唐代社会的疾病。因此当中国社会出现不正常时，人们就皈依佛教，因而，到宋代时，由于佛教势力的扩张，中国文化就显得过于狭隘了。现化中国文明也同这时一样,同样地陷入了困境。那个时候,中国文明停滞主要由于佛教思想加入了中国的思想领域。因此,前不久,泰戈尔先生打算将印度的哲学传给中国时,我是表示反对的。

宋代若同欧洲比较,是个清教派兴起的时代。中国出现了朱子学派,朱子是一个伟大的学者,可以说是韩愈以后的大儒。

朱子试图改变宋代儒学眼光狭窄的现状,使其能宽容万物,精深博大。后来,明代的王阳明也有这个想法,不过,朱子主张必须完全地按孔子所说的办,有些近于盲目地教人服从孔子的学说。王阳明不然,他主张依"良知"即常识去确定自己的行动,尔后去遵从孔子的教义。听说日本学者不像中国学者那样固执,我觉得很了不起。朱子的学说是"学而不思",而王阳明的则是"思而不学",日本的年轻人最好是先学而后思,既不要遵从王阳明的思想,也不要听信朱子的学说,中国现在面临的问题是怎样从儒学的束缚中走出来。我认为可以依靠同西方文明的交流来解决这个问题。这倒是东西方文明互相接触所带来的一大好处。仅仅靠学讲外国话,住帝国旅馆,跳跳舞是无法领会西方文明的。诸君不要只学其表面的东西,而要领会它的本质,想真正地登入文化的殿堂是相当不易的,而且不存在捷径。我个人或许知识浅陋,没有资格这样说,但我还是衷心希望诸君能继续我的事业,加深拓宽自己的学问,为世界文明的发展做出贡献。

造成伟大民族的条件

许地山

许地山（1893～1941），名赞堃，字地山，祖籍广东揭阳，现代著名作家、学者。1921年与沈雁冰、叶圣陶、郑振铎等人在北平发起成立文学研究会，创办《小说月报》。1927年起在燕京大学文学院和宗教学院任副教授、教授，同时致力于文学创作，一生著作颇多，有《空山灵雨》、《缀网劳蛛》等。

有一天，我到天桥去，看那班"活广告"在那里夸赞自己的货色。最感动我的是有一家剃刀铺的徒弟在嚷着"你瞧，你瞧，这是真钢！常言道：要买真钢一条线，不买废铁一大片"。真钢一条线强过废铁一大片，这话使我联想到民族的问题。民族的伟大与渺小是在质，而不在量。人多，若都像废铁，打也打不得、铸也铸不得，不成材，不成器，那有什么用呢？反之，人少，哪怕个个像一线的钢丝，分有分的用处，合有合的用处。但是真钢和废铁在本质上本来没有多少区别，真钢若不磨硬锻炼也可以变为废铁。废铁若经过改造也可以变为真钢。若是连一点也炼不出来，那只可称为锈，连名叫废铁也有点够不上。一个民族的存在，也像铁一样，不怕锈，只怕锈到底。锈到底的民族是没有希望的。可是要怎样才能使一个民族的铁不锈，或者进一步说，怎能使它永远有用，永远犀利呢？民族的存在，也像"逆水行舟，不进则退"，退到极点，便是灭亡。所以这是个民族生存的问题。

民族，可以分为两种，就是自然民族与文化民族。自然民族是"不识不知，顺帝之则"的。这种民族像蕴藏在矿床里的自然铁，无所谓成钢，也无所谓生锈。若不与外界接触，也许可以永远保存着原形。文化民族是离开矿床的铁，和族外有不断的交通。在这种情形底下，可以走向两条极端的道路。若是能够依民族自己的生活的理想与经验来保持他的生命，又能采取他民族的长处来改进化的生括，那就是有作为，能向上的。这样的民族的特点是自觉的，自给的，自卫的。若不这样，一与他民族接触，便把自己的一切毁灭掉，忘掉自己，轻侮自己，结果便会走到灭亡的命运。我们知道自古到今，可以够得上称为文化民族的有十个。

第一，苏摩亚甲民族（Sumerian Akkadian）。这民族文化发展的最高点是从西纪前三千二百年到一千八百年。

第二，埃及民族（Egyptian）。发展的顶点是从西纪前二千八百年到一千二百年。

第三，赫代亚述民族（Hitthite—Assyrian）。起自小亚细亚中部，最后造成大利乌王（Darius）的伊兰帝国。发展的顶点是从西纪前一千八百年到八百年。

第四，中华民族。发展的顶点是从周到汉，就是西纪前一千一百二十六年到西纪二百二十年。

第五，印度民族。发展的时代也和中华民族差不多，但是降落得早一点。

第六，希腊罗马民族。这两民族文化是一线相连的，所以可以当做一个文化集团看。发展的顶点是从西纪前约一千二百年起于爱琴海岸直到罗马帝国的末运，西纪二百九十五年。

第七，犹太天方民族。这民族的文化从西纪前600年起于犹太直到回教建立以后几百年间。

第八，摩耶民族（Maya）。发生于美洲中部，时间或者在西纪前六百年，到新大陆被发现后，西班牙人把这民族和文化一齐毁灭掉。

第九，西欧民族。包括日耳曼、高卢、盎格鲁撒逊诸民族。发展的顶点从西纪九百年直到现在。

第十，斯拉夫民族。这民族的文化以俄罗斯为主，产生于欧战后，时间离现在太近，还不能定出发展的倾向来。

我们看这十个文化民族，有些已经消灭，有些正在衰落，有些在苟延残喘，有些还可以勉强支持，有些正在发生。在这十个民族以外，当然还有文化民族，像日本民族、斯干地那维安民族、北美民族等都是。但严格地说起来，维新以前的日本文化不过是中华文化的附庸，维新后又是属于西欧的。所以大和的文化或者还在孕育的时期罢。同样，北美和北欧的民族也是承受西欧的统系，还没有建立为特殊的文化；美利坚虽然也在创造新文化的行程上走，但时间仍是太短，未能如斯拉夫民族那么积极和显明。此地并不是要讨论谁是文化民族和谁不是，只是要指出所举的民族文化发荣时期好像都在一千几百年间，他们的兴衰好像都有一定的条件。若合乎兴盛的条件，那民族便可以保存，不然，便渐次趋到衰灭。所以一种文化能被维持得越久长，传播越广远就够得上称为伟大。伟大的和优越的文化存在于伟大的民族中间。所谓伟大是能够包容一切美善的事物的意思。所谓优越是凡事有进步，不落后的意思。包容的范围有广狭，进步的程度有迟速，在这里，文化民族间的优劣就显出来了。进步得慢，包容得狭，还可以维持，怕的不能包容而且事事停顿。停顿就是退步，就容易被高文化的民族，甚至于野蛮民族所征服。然则要怎样才能使文化不停顿呢？不停顿的文化是造成伟大民族的要素。所以我们可以换一句话来问，要具什么条件才能造成伟大的民族？现在且分列在下面。

一、凡伟大的民族必拥有永久性的典籍和艺术

典籍与艺术是连续文化的线。线有脆韧，这两样也有久暂。所谓永久性是说在一个民族里，从他的世界观与人生观所产出的典籍多寓"恒久之至道，不刊之鸿教"（《文心雕龙·宗经》）；艺术作品无论在什么时代都能"奋至德之光，动四气之和，以著万物之理"，乃至能使人间"耳目聪明，血气和平，移风易俗，天下皆宁"（《礼记·乐记》）。典籍和艺术虽然本身含有永久性，也得依赖民族自己的信仰，了解，和爱护才能留存。古往今来，多少民族丢了他们宝贵的文化产品，都由于不知爱惜，轻易舍弃。我们知道一个民族的礼教和风俗是从自有的典籍和艺术的田地发育而成的。外来的理想和信仰只可当做辅成的材料，切不可轻易地舍己随人。民族灭亡的一个内因，是先舍弃自己的典籍和艺术，由此，自己的礼俗也随着丧失。这样一代一代自行摧残，民族的特性与特色也逐渐消灭，至终连自己的生存也陷入危险的境地，所以永久性是相对的，一个民族当先有民族意识然后能保持

他的文化的遗产。

二、凡伟大的民族必不断地有重要的发明与发见

学者每说"须要是发明之母",但是人间也有很须要而发明不出来的事实。好像汽力和电力,飞天和遁地的器具,在各民族间不能说没须要。汽力和电力所以代身体的劳力,既然会用牛马,便知人有寻求代劳事物的须要,但人间有了很久的生活经验,却不会很早地梦想到利用它们。飞天和循地的玄想早已存在,却要到晚近才实现。可见在须要之外,应当还有别的条件。我权且说这是"求知欲"与"求全欲"。人对于宇宙间的物与则当先有欲知的意志;由知而后求透澈的理解,由理解而后求完全的利用。要如此发明与发见才可以办到。凡能利用物与则去创物,既创成又能时刻改进,到完美地步都是求知与求全的欲望所驱使的。中华民族的发明与发见能力并不微弱,只是短少了求全的欲望,因此对于所创的物,所说的物,每每为盲目的自满自足。一样物品或一条道理被知道以后,再也没有进前往深追究的人。乃至凡有所说,都是推磨式的,转来转去,还是回到原来那一点上。血液循环的原理在中国早已被发见。但"运行血气"的看法于医学上和解剖学上没有多少贡献。木鸢飞天和飞车行空的事情,自古有其说,最多只能被认为世界最初会放风筝的民族,我们却没有发展到飞机的制造。木牛流马没有发展到铁轨车,火药没用来开山流河,种种等等,并非不须要,乃因想不到。想不到便是求知与求全的欲望不具备的结果。想不到便是不能继续地发明与发见的原因。

然则，要怎样才能想得到呢？现代的发见与发明，我想是多用手的原故。人之所以为人，能用手是主要的条件之一。由手与脑连络便产生实际的知识。古代文明与现代文明的区分，只是偏重脑与偏重手的关系。古人以手作为贱役，所以说劳力者是役于人的。他们所注重的是思想，偏重于为人间立法立道，使人有文有礼，故此哲学文学艺术都有相当的成就。现代人不以手作劳动为贱役，他们一面用手，一面用心，心手相应的结果便产出纯正的科学。不用手去着实做，只用脑来空想，绝不会产生近代的科学。没有科学，发明与发见也就难有了。我们可以说旧文化是属于劳心不劳力的有闲者所产，而新文化是属心手俱劳的劳动者的。而在两者当中，偶一不慎便会落到一个也不忙，也不闲，庸庸碌碌，浑浑沌沌的窠臼里。在这样的境地里，人做什么他便跟着做什么；人说什么他便随着说什么。我们没有好名称送给这样的民族文化，只可说是"嘴唇文化"，"傀儡文化"，或"鹦鹉禅的文化"。有这样文化的民族，虽然可以享受别人所创的事物，归到根柢，他便会萎靡不振，乃至于灭亡，岂但弱小而已！

三、凡伟大的民族必具有充足的能力足以自卫卫人

一个伟大的民族是强健的，威武的。为维持正义与和平当具有充足的能力。民族的能力最浅显而具体的是武备，所以说，"兵者，国之大事，死生之地，存亡之道。不可不察也。"（《孙子·始计》）伟大民族的武备并不是率禽兽食人或损人肥己的设施。吴起说兵的名有五种："一曰义兵，二曰强兵，三曰刚兵，四曰暴兵，五曰逆兵。禁暴救乱曰义；恃众以伐曰强；因怒兴师

曰刚；弃礼贪利曰暴；国乱人疲，举事动众曰逆。"（《吴子·图国》）战争是人类还没离禽兽生活的行为，但在距离大同时代这样道阻且长的情形底下，人不能不戒备，所以兵是不可少的。禁暴救乱是伟大民族的义务。他不能容忍人类受任何非理的摧残，无论族内族外，对于刚强暴逆诸兵，不恤舍弃自己去救护。要达到这个地步，民族自己的修养是不可缺乏的。他要先能了解自己，教训自己，使自己的立脚处稳固，明白自己所负的责任，知道排难解纷并不是由于恚怒和贪欲，乃是为正义上的利人利己。我们可以借佛家的教训来说明自护护他的意义。"若自护者，即是护他；若护他者，便成自护。云何自护即是护他？自能修习。多修习故，有所证悟。由斯自护，即是护他。云何护他便成自护？不恼不恚，无怨害心，常起慈悲，愍念于物。是名护他变成自护。"（《有部毗奈耶下十八》）能具有这种精神才配有武备。兵可以为义战而备，但不一定要战，能够按兵不动，用道理来折服人，乃是最高的理想。孙子说："百战百胜，非善之善者也；不战而屈人之兵，善之善者也。"（《谋攻》）这话可以重新地解说。我们生在这有武力才能讲道义的时代，更当建立较高的理想，但要能够自护才可以进前做。如果自己失掉卫护自己的能力那就完了。摩耶民族的文化被人毁灭，未必是因为当时的欧洲人的道德高尚或理想优越，主要原因还是自卫的能力低微罢了。

四、凡伟大的民族须有多量的生活必需品

物质生活是生物绝对的需要。所以天产的丰敛，与民族生产力的强弱，也是决定民族命运的权衡。我们可以说凡伟大的民族

都是自给的，不但自给，并且可以供给别人。反过来说，如果事事物物仰给于人，那民族就像笼中鸟，池里鱼，连生命都受统制，还配讲什么伟大？假如天赐的土地不十分肥沃，能进取的民族必要用心手去创造，不达到补天开物的功效不肯罢休。就拿粮食来说罢，"民以食为天"，没得粮食是变乱和战争的一个根源。若是粮食不足，老向外族求来，那是最危险不过的事。正当的办法是尽地力，尽天工，尽人事。能使土地生产量增加是尽地力。能发现和改善无用的植物使它们成为农作物是尽天工。能在工厂里用方法使一块粘土在很短的期间变成像面粉一样可以吃得的东西是尽人事。中华古代的社会政策在物质生活方面最主要的是足食主义。"国无九年之蓄曰不足；无六年之蓄曰急；无三年之蓄曰国非其国也。"（《礼记·王制》）无三年之蓄即不能成国，何况连一日之蓄都没有呢？在理想上，应有九年之蓄，然后可以将生产品去供给别人，不然，便会陷入困难的境地，民族的发展力也就减少了。

五、凡伟大的民族必有生活向上的正当理想，不耽于物质的享受

物质生活虽然重要，但不能无节制地享用。沉湎于物质享受的民族是不会有高尚的理想的。一衣一食，只求其充足和有益，爱惜物力，守护性情，深思远虑，才能体会他和宇宙的关系。人类的命运是被限定的，但在这被限定的范围里当有向上的意志。所谓向上是求全知全能的意向，能否得到且不管它，只是人应当努力去追求。为有利于人群，而不教自己或他人堕落与颓废的物

质享受是可以有的。我们也可说伟大的民族没有无益的嗜好，时时能以天地之心为心。古人所谓"明明德，止至善"，便是这个意思。我信人可以做到与天同体，与地合德的地步，那只会享受不乐思惟的民族对于这事却不配梦想。

六、凡伟大的民族必能保持人生的康乐

人生的目的在人人能够得到安居乐业。人对于他的事业有兴趣才会进步。强迫的劳作或为衣食而生活是民族还没达到伟大的境地以前所有的事情，所谓康乐并不是感官的愉快，乃是性情的满足，由勤劳而感到生活的兴趣。能这样才是真幸福。在这样的社会里，虽然免不了情感上的与理智上的痛苦，而体质上的缺陷却很少见。到这境地人们的情感丰富，理智清晰，生无责求，死无怨怼，他们没有像池边的鹭鸶或街旁的瘦狗那样的生活。

以上六条便是造成伟大民族的条件。现存的民族能够全备这些条件的，恐怕还没有。可是这理想已经存在各文化民族意识里，所以应有具备的一天。我们也不能落后，应当常存着像《礼记·杂记》中所记的"三患"和"五耻"的心，使我们的文化不致失坠。更应当从精神上与体质上求健全，并且要用犀利的眼，警觉的心去提防克服别人所给的障碍。如果你觉得受人欺负而一时没力量做什么，便大声疾呼要"卧薪尝胆"，你得提防敌人也会在你所卧的薪上放火，在所尝的胆里下毒药。所以要达到伟大的地步，先得时刻警醒，不要把精力闲用掉，那就有希望了。

我之文学改良观

刘半农

刘半农（1891～1934），原名寿彭，改名刘复，字半农，号曲庵，笔名寒星。江苏江阴人。著名的语言学家、作家。1925年起任北京大学中文系教授，兼中法大学国文系主任，辅仁大学教务长，北平大学女子文理学院院长，北京古物保管委员会委员，《世界日报》副刊主编等职。主要论著有《中国文法通论》、《四声实验录》、《扬鞭集》、《瓦釜集》等。

文学改良之议，既由胡君适之提倡之于前，复由陈君独秀、钱君玄同赞成之于后。不佞学识谫陋，固亦为立志研究文学之一人。除于胡君所举八种改良、陈君所揭三大主义，及钱君所指旧文学种种弊端，绝端表示同意外，复举平时意中所欲言者，拉杂书之，草为此文，幸三君及世之留意文学改良者有以指正之。谓之"我之文学改良观"者，亦犹常君乃德所谓"见仁见智，各如其分。我之观念，未必他人亦同此观念"也。

文学之界说如何乎？此一问题，向来作者持论每多不同。

甲之说曰："文以载道。"不知道是道、文是文，二者万难并作一谈。若必如八股家之奉四书五经为文学宝库，而生吞活剥孔孟之言，尽举一切"先王后世、禹汤文武"种种可厌之名词，而堆砌之于纸上，始可称之为文，则"文"之一字，何妨付诸消灭。即若辈自奉为神圣无上之五经之一之《诗经》，恐《三百首》中，必无一首足当"文"字之名者。其立说之不通，实不攻自破。

乙之说曰："文章有饰美之意，当作表彰。"（见近人某论文书中）近顷某高等师范学校所聘国文教习川人某，尤主此说，谓："作文必讲音韵。后人称韩愈文起八代之衰，其实韩愈连音韵尚未懂得，何能作文？"故校中学生，自此公莅事后，相率摇头抖膝，推敲于"平平仄仄"之间。其可笑较清八股家为尤甚。夫文学为美术之一，固已为世界文人所公认。然欲判定一物之美丑，当求诸骨底，不当求诸皮相。譬如美人，必具有天然可以动人之处，始可当一美字而无愧。若丑妇浓妆，横施脂粉，适成其为怪物。故研究文学而不从性灵中、意识中讲求好处，徒欲于字句上、声韵上卖力，直如劣等优伶，自己无真实本事，乃以花腔滑调博人叫好，此等人尚未足与言文学也。

二说之外，惟章实斋分别文史之说较为近是。然使尽以记事文归入史的范围，则在文学上占至重要之位置之小说，即不能视为文学，是不可也。反之，使尽以非记事文归入文的范围，则信札、文告之属，初只求辞达意适而止。一有此项规定，反须加上一种文学工夫，亦属无谓。故就不佞之意，欲定文学之界说，当取法于西文，分一切作物为文字（Language）与文学（Literature）一类。西文释 Language 一字曰 "Any means of conveying or communicating ideas." 是只取其传达意思，不必于传达意思之外，复用何等工夫也。又 Language，往往可与语言

（Speech）、口语（Tongue）通用。然明定其各个之训诂，则 "LANGUAGE is generic, denoting, in its most extended use, any mode of conveying ideas; SPEECH is the Language of sounds; And TONGUE is the Anglo-Saxon term for language, especially for Spoken Language." 是文字之用，本与语言无殊。仅取其人人都能了解，可以布诸远方，以补语言之不足，与吾国所谓"言之无文，行而不远"正相符合。至如 Literature，则界说中既明明规定为 "The class of Writings distinguished for beauty of style, as poetry, essays, history, fictions, or belles-lettres." 自与普通仅为语言之代表之文字有别。吾后文之所谓文学，即就此假定之界说立论（此系一人私见，故称假定而不称已定）。

文学与文字。此两个名词之界说既明，则"何处当用文字，何处当用文学"，与夫"必如何始可称文字，如何始可称文学"，亦为吾人不得不研究之问题。今分别论之。

第一问题前此独秀君撰论，每以"文学之文"与"应用之文"相对待，其说似是。然就论理学之理论言之，文学的既与应用的相对，则文学之文不能应用，应用之文不能视为文学，不佞以"不贵苟同"之义，不敢遽以此说为然也。西人之规定文学之用处者，恒谓 "Literature of ten embraces allcompositons except these upon the positive sciences." 其说，似较独秀君稍有着落。然欲举实质科学以外一切文字，悉数纳诸文学范围之中，亦万难视为定论。就不佞之意，凡科学上应用之文字，无论其为实质与否，皆当归入文字范围。即胡、陈、钱三君及不佞今兹所草论文之文，亦系文字而非文学。以文学本身亦为各种科学之一，吾侪处于客观之地位以讨论之，不宜误宾以为主。此外他种科学，更不宜破此定例以侵害文学之范围。吾国旧时科学书，大都并艺术与文学为一谈。幼时初习算学，一部九数通考，不半月即已毕业。而开首一段河图洛书说及周髀图说，直至三年之后始能了解。此外作医书者，虽立论极浅，亦必引证内经及仲景之说，务使他人不能明白以为快。蚕桑之书，本取其妇孺多解，而作者必用古文笔法。卜筮之书，本为瞽者留一啖饭地（星学家自言如此），而必参入似通非通之易理以自重。诸如此类，无非卖才使气，欺人自欺。吾国原有学术之所以不能发达与普及，实此等自命渊博之假文士有以致之。近自西洋物质文明，稍稍输入中国，凡迻译东西科学书籍者，都已不复有此恶习。而严复所撰英文汉诂，虽全书取材悉系彼邦至粗浅之文法，乃竟以文笔之古拙生涩见称于世。若欲取此书以为教材，是非使学徒先习十数年国文，即不许其研究英文。试问天下有是理乎？余决非盲从西洋学说之人，此节所引文学用处之规定，其 Positive 一字，实以 "Philosophical Literature" 已成为彼邦文学中之一种。而哲学又为诸种科学之一，故必于"科学"之上冠以"实质"，方不至互相抵触。其实哲学本身，既包有高深玄妙之理想，行文当力求浅显，使读者一望即知其意旨所在。此余所以主张无论何种科学皆当归入文字范围、而不当屬入文学范围也。至于新闻纸之通信（如普通纪事可用文字，描写人情风俗当用文学），政教实业之评论（如发表意见用文字，推测其安危祸福用文学），官署之文牍告令，文牍告令，十九宜用文字而不宜用文学。钱君所指清代州县喜用滥恶之四六，以判婚姻讼事，与某处诰诫军人文，有"偶合之鸟"、"害群之马"、"血蚨"、"飞蝗"等字样，即是滥用文学之弊。然如普法之战，拿破仑三世致普鲁士维廉大帝之宣战书为"Sire my brother, not having been able to die in the midst of my troops, it only remains for me to place my sword in the hands of Your Majesty. I am Your Majesty's good brother, Napoleon." 未尝不可视为希世奇文。维廉复书中"Regretting the circumstances under which we meet. I accept the sword of Your Majesty"之句，便觉黯然无色。故于适当之处，文牍中亦未尝绝对不可用文学也。私人之日记信札，此二种均宜用文字。然如游历时之日记，即不得不于有关系之外，涉及文学，至于信札，则不特前清幕府中所用四六滥调当废。即自命文士者所作小简派文学，亦大可不做。惟在必要时，如美儒富兰克令（B. Franklin）之与英议员司屈拉亨（Strahan）绝交、英儒约翰生（S. Johnson）之不愿受极司菲尔伯爵（Lord Chesterfield）之推誉，则不得不酌用文学工夫。虽不能明定其属于文字范围或文学范围，要惟得已则已，不滥用文学以侵害文字，斯为近理耳。其必须列入文学范围者，惟诗歌戏曲、小说杂文、历史传记三种而已（以历史传记列入文学，仅就吾国及各国之惯例而言。其实此二种均为具体的科学，仍以列入文字为是）。酬世之文（如颂辞、寿序、祭文、挽联、墓志之属），一时虽不能尽废，将来崇实主义发达后，此种文学废物，必在自然淘汰之列。故进一步言之，凡可视文学上有永久存在之资格与价值者，只诗歌戏曲、小说杂文二种也。

第二问题　此问题之要旨，即在辨明文学与文字之作法之异同。兹就鄙见所及，分列三事如次：

（一）作文字当讲文法，且处处当讲论理学与修辞学。惟酌量情形，在适宜之处，论理学或较轻于修辞学。

（二）文字为无精神之物。非无精神也，精神在其所记之事物，而不在文字之本身也。故作文字如记账，只须应有尽有，将所记之事物，——记完便了。不必矫揉造作，自为增损。文学为有精神之物，其精神即发生于作者脑海之中。故必须作者能运用其精神，使自己之意识、情感、怀抱，一一藏纳于文中。而后所为之文，始有真正之价值，始能稳立于文学界中而不摇。否则，精神既失，措辞虽工，亦不过说上一大番空话，实未曾做得半句文章也（以上两端为永久的）。

（三）钱君以输入东洋派之新名词，归功于梁任公，推之为创造新文学之一人。愚以为世界事物日繁，旧有之字与名词既不敷用，则自造新名词及输入外国名词，诚属势不可免。然新名词未必尽通（如"手续"、"场合"之类），亦未必吾国竟无适当代用之字（如"目的"、"职工"之类）。若在文字范围中，取其行文便利，而又为人人所习见，固不妨酌量采用。若在文学范围，则用笔以漂亮雅洁为主，杂入累赘费解之新名词，其讨厌必与滥用古典相同（西洋文学中，亦鲜有采用学术名词者）。然亦未必尽不可用，倘用其意义通顺者，而又无害于文笔之漂亮雅洁，固不必绝对禁止也。（此为暂时的。使将来文学界中，能自造适当之新字或新名词以代之，此条即可废除不用。）

散文之当改良者三。此后专论文学，不论文字。所谓散文，亦文学的散文，而非文字的散文。

第一曰破除迷信。常谓吾辈做事，当处处不忘有一个我。作文亦然。如不顾自己。只是学着古人，便是古人的子孙；如学今人，便是今人的奴隶。若欲不做他人之子孙与奴隶，非从破除迷信做起不可。此破除迷信四字，似与胡君第二项"不摹仿古人"

之说相同，其实却较胡君更进一层。胡君仅谓古人之文不当摹仿，余则谓非将古人作文之死格式推翻，新文学决不能脱离老文学之窠臼。古人所作论文，大都死守"起承转合"四字，与八股家"乌龟头"、"蝴蝶夹"等名词，同一牢不可破。故学究授人作文，偶见新翻花样之课卷，必大声呵之，斥为不合章法，不知言为心声、文为言之代表。吾辈心灵所至，尽可随意发挥，万不宜以至灵活之一物，受此至无谓之死格式之束缚。至于吾国旧有之小说文学，程度尤极幼稚。直处于 Onceupon a time, there was a ……之童话时代。试观其文言小说，无不以"某生、某处、人"开场；白话小说，无不从"某朝某府某村某员外"说起。而其结果，又不外"夫妇团圆"、"妻妾荣封"、"白日升天"、"不知所终"数种。《红楼》、《水浒》，能稍稍破其谬见矣。而不学无术者，又嫌其不全而续之。是可知西人所崇尚之"half—told Tales"之文学境界，固未尝为国人所梦见。吾辈欲建造新文学之基础，不得不首先打破此崇拜旧时文体之迷信，使文学的形式上速放一异彩也。（近见曾国藩《古文四象》一书，以太阳、太阴、少阳、少阴之说论文，尤属荒谬已极。此等迷信上古神话之怪物，胡不意向埃及金字塔中作木乃伊去也。）

第二曰文言、白话可暂处于对待的地位何以故？曰，以二者各有所长、各有不相及处，未能偏废故。胡、陈二君之重视"白话为文学之正宗"，钱君之称"白话为文章之进化"。不佞固深信不疑，未尝稍怀异议。但就平日译述之经验言之，往往同一语句，用文言则一语即明，用白话则二三句犹不能了解（此等处甚多，不必举例）。是白话不如文言也。然亦有同是一句，用文言竭力做之，终觉其呆板无趣，一改白话，即有神情流露、"呼之欲出"之妙（如人人习知之"行不得也哥哥"、"好教我左右做人难"等句），则又文言不如白话也。今既认定白话为文学之正宗与文章之进化，则将来之期望，非做到"言文合一"、或"废文言而用白话"之地位。不止此种地位，既非一蹴可几，则吾辈目下应为之事，惟有列文言与白话于对待之地，而同时于两方面力求进行之策。进行之策如何？曰，于文言一方面，则力求其浅显，使与白话相近（如"此是何物"与"这是什么"相近，此王亮畴先生语）；于白话一方面，除竭力发达其固有之优点外，更当使其吸收文言所具之优点，至文言之优点尽为白话所具，则文言必归于淘汰。而文学之名词，遂为白话所独据，固不仅正宗而已也。或谓白话为一种俚俗粗鄙之文字，即充分进步，至于施、曹之地，亦未必竟能取缜密高雅之文言而代之。吾谓白话自有其缜密高雅处，施、曹之文，亦仅能称雄于施、曹之世。吾人自此以往，但能破除轻视白话之谬见，即以前此研究文言之工夫研究白话，虽成效之迟速不可期，而吾辈意想中之白话新文学，恐尚非施、曹所能梦见。

第三曰不用不通之字。胡君既辟用典之不通，钱君复斥以僻字代常用之字为不妥，文学上之障碍物，已扫除大半矣。而不通之字，亦在必须扫除之列。夫虚字实用、实字虚用之法，不特吾国文学中所习见，即西文中，亦往往以 noun、adjective、verb 三类字互相通用。今欲废除此种用法，固属绝对不可能。而用之合宜与否，与读者果能明白与否，亦不可不辨。曾国藩致李鸿章书，论此甚详，所引"春风风人、夏雨雨人"、"解衣衣我，推食食我"诸句，意义甚明，新文学中仍可沿用。某二春朝朝日，秋夕夕月"句中，朝夕二字作"祭"字解，已稍稍晦矣。至如商颂

"下国骏庞"、周颂"骏发尔私"之"骏"字均作"大"字解，与武成"侯卫骏奔"、管子"弟子骏作"之"骏"字均作"速"字解，其拙劣不通，实无让于用典。近人某氏译西文小说，有"其女珠，其母下之"之句，以珠字代"胞珠"，转作"孕"字解，以"下"字作"堕胎"解。吾恐无论何人，必不能不观上下文而能明白其意者。是此种不通之字，较诸"附骥"、"续貂"、"借箸"、"越俎"等通用之典，尤为费解。

韵文之当改良者三。韵文对于散文而言，一切诗赋、歌词、戏曲之属，均在其范围之内。其赋之一种，凡专讲对偶、滥用典故者，固在必废之列。其不以不自然之骈俪见长，而仍能从性灵中发挥，如曹子建之《慰子赋》与《金瓠哀辞》，以及其类似之作物，如韩愈之《祭田横墓文》，欧阳修之《祭石曼卿文》等，仍不得不以其声调气息之优美，而视为美文中应行保存之文体之一。

第一曰破坏旧的重造新韵。梁代沈约所造四声谱，即今日吾辈通用之诗韵，顾炎武已斥之为"不能上据雅南、旁摭骚子，以成不刊之典，而仅按班、张以下请人之赋，曹、刘以下诸人之诗所用之音，撰为定本，于是今音行而古音亡。"是此种声谱，在旧文学上已失其存在之资格矣。夫韵之为义叶也，不叶即不能押韵，此至浅至显之言，可无须举例证明也。而吾辈意想中之新文学，既标明其宗旨曰"作自己的诗文，不作古人的诗文"，则古人所认为叶音之韵，尚未必可用，何况此古人之所不认？按诸今音又不能相关合之四声谱，乃可视为文学中一种规律，举无数文人之心思脑血，而受制于沈约一人之武断耶？试观东、冬二部所收之字，无论以何处方言读之，决不能异韵，而谱中乃分之为二。"规眉危悲"等字，无论以何处方言读之，决不能与"文之诗时"等字同韵，而谱中乃合之为一。又哿韵诸字，与有韵叶者多而与马韵叶者少，顾不通有而通马。真、文、元、寒、删、先六韵虽间有叶者，而不叶者居其十之九，而谱中竟认为完全相通。虽造谱之时，读者决不与今音相同，造谱者亦决无能力顶为吾辈二十世纪读音设想。吾辈苟无崇拜古人之迷信，即就其未为吾辈设想而破坏之，当亦为事理之所必然。故不佞之意，后此押韵，但问其叶与不叶，而不问旧谱之同韵与否、相通与否。如其叶，不同、不通者亦可用；如其不叶，同而通者亦不可用。如有迷信古人宫、商、角、徵、羽本音转者之说以相诘难者，吾仍得以"韵即是叶"之本义答之。且前人之言韵者，固谓"音声本为天籁古，人歌咏出于自然，虽不言韵而韵转确"矣。今但许古人自然，而不许今人自然，必欲以人籁代天籁，拘执于本音转音之间，而忘却一至重要之"叶"字，其理耶，其通论耶？（西人作诗，亦有通韵。然只闻"－il"与"－ill"；"－ic"与"－ick"；"－oke"与"－cok"等之相通。不闻强声音绝不相似之字如"规眉危悲"等与"支之诗时"等为一韵。更不闻强用希腊罗马之古音以押今韵也。）虽然，旧韵既废，又有一困难问题发生，即读音不能统一。不佞对于此问题，有解决之法三：

（一）作者各就土音押韵，而注明何处主音于作物之下，此实最不妥当之法。然今之土音，尚有一着落之处，较诸古音之全无把握，固已善矣。

（二）以京音为标准，由长于京语者造一新谱，使不解京语者有所遵依。此较前法稍妥，然而来尽善。

（三）希望于"国语研究会"诸君，以调查所得，撰一定谱，行之于世，则尽善尽美矣。

或谓第三法虽佳，而语音时有变迁。今日之定谱，将来必更有不能适用之一日。余谓沈约既无能力豫为吾辈设想。吾辈亦决无能力为将来设想。将来果属不能适用，何妨更废之而更造新谱。即吾辈主张之白话新文学，依进化之程序言之，亦决不能视为文学之止境，更不能断定将来之人不破坏此种文学而建造一更新之文学。吾辈生于斯世，惟有尽思想能力之所及，向"是"的一方面做去而已。且语言之变迁，乃数百年间事而非数十年间事。当此交通机关渐臻完备之时，吾辈尚以"将来读音永远不变、永远统一"为希望也？

第二曰增多诗体。吾国现有之诗体，除律诗、排律当然废除外，其余绝诗、古风、乐府三种（曲、吟、歌、行、篇、叹、骚等，均乐府之分支。名目虽异，体格互相类似），已尽足供新文学上之诗之发挥之地乎？此不佞之所决不敢信也。尝谓诗律愈严，诗体愈少，则诗的精神所受之束缚愈甚，诗学决无发达之望。试以英、法二国为比较：英国诗体极多，且有不限音节、不限押韵之散文诗。故诗人辈出，长篇记事或咏物之诗，每章长至十数万字，刻为专书行世者，亦多至不可胜数。若法国之诗，则戒律极严。任取何人诗集观之，决无敢变化其一定之音节，或作一无韵诗者。因之法国文学史中，诗人之成绩，决不能与英国比，长篇之诗亦鲜乎不可多得。此非因法国诗人之本领、魄力不及英人也，以戒律械其手足，虽有本领、魄力，终无所发展也。故不佞于胡君白话诗中《朋友》、《他》二首，认为建设新文学的韵文之动机，倘将来更能自造，或输入他种诗体，并于有韵之诗外，别增无韵之诗。（无韵之诗，我国亦有先例。如《诗经》"终南何有，有条有梅。君子至止，锦衣狐裘。颜如渥舟，其君也哉"一章中，"梅、裘、哉"三字，并不叶韵，是明明一首无韵诗也。朱注："梅"叶"莫悲反"，音"迷"；"裘"叶"渠之反"，音"奇"；"哉"叶"将梨反"，音"赍"，乃是穿凿附会。以后人必欲押韵之"不自然"眼光，武断古人，古人决不如此念别字也。）则在形式一方面，既可添出无数门径，不复如前此之不自由。其精神一方面之进步，自可有一日千里之大速率。彼汉人既有自造五言诗之本领，唐人既有自造七言诗之本领，吾辈岂无五言、七言之外更造他种诗体之本领耶？

第三曰提高戏曲对于文学上之位置。此为不佞生平主张最力之问题。前读近人吴梅所撰《顾曲尘谈》，谓北曲"不尚词藻，专重白描"。又谓"西厢'系春心情短柳丝长，隔花阴人远天涯近'，……在当时不以此等艳语为然。谓之'行家生活'即明人所谓'案头之曲'，非'场中之曲也'"。又谓"实甫曲加'颠不刺的见了万千，似这般可喜娘罕曾见'，及'鹘伶渌老不寻常'等语，却是当行出色"。又谓"昔洪昉思与吴舒凫论填词之法，舒凫云：'须令人无从浓圈密点。'时昉思女之则在座，曰：'如此则天下能有几人，可造此诣？'"是吴君已知"白描"之难能可贵矣。然必谓"胡元方言，尤须熟悉"而后，始可语填北曲。则不佞不敢赞同。盖元人听填者为元人之曲，故就近取元人之方言以为资料。吾辈所填者为吾辈之曲，自宜取材于近，而不宜取材于远。元人既未尝弃元语而用唐宋语以为古，吾辈"食古不化"而死用元语，不将为元人所笑耶？故不佞对于此问题，有四种意见：

（一）无论南词北曲，皆须用当代方言之白描笔墨为之，使合于"场中之曲"之规定。

（二）近人推崇昆剧，鄙视皮黄，实为迷信古人之谬见。当知艺术与时代为推移，世人既以皮黄之通俗可取而酷嗜之，昆剧自应退居于历史的艺术之地位。

（三）昆剧既退居于历史的艺术之地位，则除保存此项艺术之一部分人外，其余从事现代文学之人，均宜移其心力于皮黄之改良，以应时势之所需。（第一条即为此项保存派说法。从前词曲家，不尚白描而尚纤丽，实未尝能保存词曲之精华也。）

（四）成套之曲，可以不作，改作皮黄剧本；零碎小词，可以不填，改填皮黄之一节或数节。（近人填词，大都不懂音律。仅照老词数了字数，对了平仄，堆砌无数艳语，加上一个"调寄某某"之名而已。今所谓改填皮黄者，须于皮黄有过研究工夫，再用新文学的本领放进去，则虽标明"调寄西皮某板"，或"调寄二黄某剧之某段"，似乎欠雅，其实无损于文学上与技术上之真价值也。）

吾所谓改良皮黄者，不仅钱君所举"戏于打脸之离奇，舞台设备之幼稚"，与"理想既无，文章又极恶劣不通"，与王君梦远"梨园佳话"所举"戏之劣处"一节已也。凡"一人独唱，二人对唱，二人对打，多人乱打"（中国文戏、武戏之品制，不外此十六字），与一切"报名"、"唱引"、"绕场上下"、"摆对相迎"、"兵卒绕场"、"大小起霸"等种种恶腔死套，均当一扫而空，另以合于情理、富于美感之事物代之（此事言之甚长，后当另撰专论）。然余亦决非认皮黄为正当的文学艺术之人。余居上海六年，除不可免之应酬外，未尝一入皮黄戏馆，而 Lyceam Theater 之 Amateur Dramatic Cub，每有新编之戏开演，余必到馆观之。是余之喜白话之剧而不喜歌剧，固与钱君所谓"旧戏如骈文，新戏如白话小说"同一见解。只以现今白话文学尚在幼稚时代，白话之戏曲，尤属完全未经发见（上海之白话新戏，想钱君亦未必认为有文学价值之戏也）。故不得不借此易于着手之已成之局而改良之，以应目前之急。至将来白话文学昌明之后，现今之所改良之皮黄，固亦当与昆剧同处于历史的艺术之地位。

形式上的事项。此等事项，较精神上的事项为轻。然文学既为一种完全独立之科学，即无论何事，当有一定之标准，不可随随便便含混过去。其事有三：

（一）分段。中国旧书，往往全卷不分段落，致阅看之时，则眉目不清。阅着之后，欲检查某事，亦茫无头绪。今宜力矫其弊，无论长篇短章，一一于必要之处划分段落。惟西文二人谈话，每有一句，即另起一行，华文似可不必。

（二）句逗与符号。余前此颇反对句逗，谓西文有一种毛病，即去其句逗与大写之字，即令人不懂汉文之不加句逗者，却仍可照常读去。若在此不必加句逗之文字上而强加之，恐用之日久，反妨害其原有之能事，而与西文同病。不知古书之不加句逗而费解者，已令吾人耗却无数心力于无用之地。吾人方力求文字之简明适用，固不宜沿有此种懒惰性质也。然西文 , ; : • 四种句逗法，倘不将文字改为横行，亦未能借用。今本篇所用 . 、。 三种，唯、之一种尚觉不敷应用，日后研究有得，当更增一种以补助之。至于符号，则？一种似可不用。以吾国文言中有"欤哉乎耶"等，白话中有"么呢"等问语助词，无须借助于记号也。然在必要之处，亦可用之。！一种，文言中可从省，白话中决不可少。""与''之代表引证或谈话，——之代表语气未完，……

之代表简略，（ ）之代表注解或标目，亦不可少，＊及字旁所注 1、2、3、等小字可以不用，以汉文可用双行小注，无须 fotnote 也。又人名地名，既无大写之字以别之，亦宜标以一定之记号。先业师刘步洲先生尝定单线在右指人名，在左指官名及特别物名，双线在右指地名，在左指国名、庙名、种族名，颇合实用。惜形式不甚美观，难于通用。

（三）圈点。此本为科场恶习，无采用之必要，然用之适当，可醒眉目。令暂定为三种：精采用。、提要用．、两事相合则用．。惟滥圈滥点，当悬为历禁。

结语。除于上述诸事，不敢自信为必当，敬请胡、陈、钱三君及海内外关心本国文学者逐条指正外，尚有三事记之于次：

（一）余于用典问题，赞成钱君之说。主张无论广义、狭义、工者、拙者，一概不用。即用引证，除至普通者外，亦当注明出自何书，或何人所说。

（二）余于对偶问题，主张自然。亦如钱君所谓："凡作一文，欲其句句相对，与欲其句句不对者，皆妄也。"

（三）余赞成小说为文学之大主脑，而不认今日流行之红男绿女之小说为文学。（不佞亦此中之一人，小说家幸勿动气。）

留别北大学生的演说

刘半农

今天是北京大学第二十二周年的纪念日。承校长蔡先生的好意,因为我不日就要往欧洲去了,招我来演说,使我能与诸位同学,有个谈话的机会,我很感谢。

我到本校担任教科,已有三年了。因为我自己,限于境遇,没有能受正确的、完备的教育,稍微有一点知识,也是不成篇段,没有系统的,所以自从到校以来,时时惭愧,时时自问有许多辜负诸位同学的地方。所以我第一句话,就是要请诸位同学,承受我这很诚恳的道歉。

就我三年来的观察,知道诸位同学,大都是觉醒的青年;若依着这三年来的进行率进行,我敢说,将来东亚大陆文化的发展,完全寄附在诸位身上。所以我对于诸位,不必更说什么,只希望诸位根本着自己已有觉悟,向前猛进。

如今略说我此番出去留学的趣旨,以供诸位的参考。我们都知道人类的工作的交易,是造成世界的原素;所以我们生长于世界之中,个个人都应当做一份的工。这做工,就是人类的天赋的职任。

神圣的工作,是生产工作。我们因为自己的意志的选择,或别种原因,不能做生产的工作,而做这非生产的工作,在良心上已有一分的抱歉。在社会中已可算得一个"寄生虫"。所以我们于这有缺憾之中，要做到无缺憾的地步，其先决问题，就是要做"益虫"，不要做"害虫"。那就是说，应当做有益于生产的工作者的工，做一般生产的工作者所需要而不能兼顾的工。

而且非但要做，还要尽力去做，要把我们一生的精力完全放进去做。不然，我们若然自问——

我们有什么特权可以不耕而食？

我们有什么特权可以不织而衣？岂不要受良心的裁判么？

这便叫做"职任"。

因其是职任，所以我们一切个人的野心或希冀，都应该消灭。那吴稚晖先生所说"面筋学生"一类的野心，我们诚然可以自分没有；便是希望做"学者"做"著作家"的高等野心，也尽可以不必预先存着。因为这只可以从反面说过来。若然我们的工做得好，社会就给我这一点特别酬劳；不能说，我们因为要这个特别酬劳才去做工。（我们应得的酬劳，就是我们天天享用的，已很丰厚）若然如此，我们一旦不要了，就可以不做，那还叫得什么责任？

如此说，可见我此番出去留学，不过是为希望能尽职起见，为希望我的工作做得圆满起见，所取的一种相当的手续，并不是把留学当做充满个人欲望的一种工具。

我愿意常常想到我自己的这一番话，所以我把它供献于诸位。

还有一层，我也引为附带的责任的，就是我觉得本校的图书馆太不完备，打算到了欧洲，把有关文化的书籍，尽力代为采购；还有许多有关东亚古代文明的书或史料，流传到欧洲去的，也打算设法抄录或照相，随时寄回，以供诸位同学的研究。图书馆是大学的命脉；图书馆里多有一万本好书，效用亦许可以抵上三五个好教授。所以这件事，虽然不容易办，但我尽力去办。

结尾的话是我是中国人，自然要希望中国发达，要希望我回来时，中国已不是今天这样的中国。但是我对于中国的希望，不是一般的去国者，对于"祖国"的希望，以为应当如何练兵，如何造舰。我是——

希望中国的民族，不要落到人类的水平线下去；

希望世界的文化史上，不要把中国除名。

怎么样才可以做到这一步——还要归结到我们的职任。

魏晋风度及文章与药及酒之关系

鲁 迅

鲁迅（1881～1936），原名周樟寿，后改名周树人，字豫山、豫才，笔名鲁迅、庚辰等，浙江绍兴人。伟大的文学家、思想家和革命家。先后在北京大学、北京师范大学、北京女子师范大学、中国大学、厦门大学、广州中山大学等校任教，讲授中国小说史等课程。主要著作有《而已集》、《三闲集》、《南腔北调集》等，新中国成立后，出版了《鲁迅全集》、《鲁迅译文集》、《鲁迅日记》、《鲁迅书信集》等。

我今天所讲的，就是黑板上写着的这样一个题目。

中国文学史，研究起来，可真不容易，研究古的，恨材料太少；研究今的，材料又太多，所以到现在，中国较完全的文学史尚未出现。今天讲的题目是文学史上的一部分，也是材料太少，研究起来很有困难的地方。因为我们想研究某一时代的文学，至少要知道作者的环境、经历和著作。

汉末魏初这个时代是很重要的时代，在文学方面起一个重大的变化，因当时正在黄巾和董卓大乱之后，而且又是党锢的纠纷之后，这时曹操出来了。——不过我们讲到曹操，很容易就联想起《三国志演义》，更而想起戏台上那一位花面的奸臣，但这不是观察曹操的真正方法。现在我们再看历史，在历史上的记载和论断有时也是极靠不住的，不能相信的地方很多，因为通常我们晓得，某朝的年代长一点，其中必定好人多；某朝的年代短一点，其中差不多没有好人。为什么呢？因为年代长了，做史的是本朝人，当然恭维本朝的人物，年代短了，做史的是别朝人，便很自由地贬斥其异朝的人物，所以在秦朝，差不多在史的记载上半个好人也没有。曹操在史上年代也是颇短的，自然也逃不了被后一朝人说坏话的公例。其实，曹操是一个很有本事的人。至少是一个英雄，我虽不是曹操一党，但无论如何，总是非常佩服他。

研究那时的文学，现在较为容易了，因为已经有人做过工作：在文集一方面有清严可均辑的《全上古三代秦汉三国晋南北朝文》。其中于此有用的，是《全汉文》，《全三国文》，《全晋文》。

在诗一方面有丁福保辑的《全汉三国晋南北朝诗》。——丁福保是做医生的，现在还在。

辑录关于这时代的文学评论有刘师培编的《中国中古文学史》。这本书是北大的讲义，刘先生已死，此书由北大出版。

上面三种书对于我们的研究有很大的帮助。能使我们看出这时代的文学的确有点异彩。

我今天所讲，倘若刘先生的书里已详的，我就略一点；反之，刘先生所略的，我就较详一点。

董卓之后，曹操专权。在他的统治之下，第一个特色便是尚刑名。他的立法是很严的，因为当大乱之后，大家都想做皇帝，大家都想叛乱，故曹操不能不如此。曹操曾自己说过："倘无我，不知有多少人称王称帝！"这句话他倒并没有说谎。因此之故，影响到文章方面，成了清峻的风格。——就是文章要简约严明的意思。

此外还有一个特点，就是尚通脱。他为什么要尚通脱呢？自然也与当时的风气有莫大的关系。因为在党锢之祸以前，凡党中人都自命清流，不过讲"清"讲得太过，便成固执，所以在汉末，清流的举动有时便非常可笑了。

比方有一个有名的人，普通的人去拜访他，先要说几句话，倘这几句话说得不对，往往会遭倨傲的待遇，叫他坐到屋外去，甚而至于拒绝不见。

又如有一个人，他和他的姊夫是不对的，有一回他到姊姊那里去吃饭之后，便要将饭钱算回给姊姊。她不肯要，他就于出门之后，把那些钱扔在街上，算是付过了。

个人这样闹闹脾气还不要紧，若治国平天下也这样闹起执拗的脾气来，那还成什么话？所以深知此弊的曹操要起来反对这种习气，力倡通脱。通脱即随便之意。此种提倡影响到文坛，便产生多量想说什么便说什么的文章。

更因思想通脱之后，废除固执，遂能充分容纳异端和外来的思想，故孔教以外的思想源源引入。

总括起来，我们可以说汉末魏初的文章是清峻，通脱。在曹操本身，也是一个改造文章的祖师，可惜他的文章传的很少。他胆子很大，文章从通脱得力不少，做文章时又没有顾忌，想写的便写出来。

所以曹操征求人才时也是这样说，不忠不孝不要紧，只要有才便可以。这又是别人所不敢说的。曹操做诗，竟说是"郑康成行酒伏地气绝"，他引出离当时不久的事实，这也是别人所不敢用的。还有一样，比方人死时，常常写点遗令，这是名人的一件极时髦的事。当时的遗令本有一定的格式，且多言身后当葬于何处何处，或葬于某某名人的墓旁；操独不然，他的遗令不但没有依着格式，内容竟讲到遗下的衣服和伎女怎样处置等问题。

陆机虽然评曰"贻尘谤于后王"，然而我想他无论如何是一个精明人，他自己能做文章，又有手段，把天下的方士文士统统搜罗起来，省得他们跑在外面给他捣乱。所以他帷幄里面，方士文士就特别地多。

孝文帝曹丕，以长子而承父业，篡汉而即帝位。他也是喜欢文章的。其弟曹植，还有明帝曹睿，都是喜欢文章的。不过到那个时候，于通脱之外，更加上华丽。丕著有《典论》，现已失散无全本，那里面说："诗赋欲丽"，"文以气为主"。《典论》的零零碎碎，在唐宋类书中；一篇整的《论文》，在《文选》中可以看见。

后来有一般人很不以他的见解为然。他说诗赋不必寓教训，反对当时那些寓训勉于诗赋的见解，用近代的文学眼光看来，曹丕的一个时代可说是"文学的自觉时代"，或如近代所说是为艺术而艺术（Art for Art's Sake）的一派。所以曹丕做的诗赋很好，更因他以"气"为主，故于华丽以外，加上壮大。归纳起来，汉末，魏初的文章，可说是："清峻，通脱，华丽，壮大。"在文学的意见上，曹丕和曹植表面上似乎是不同的。曹丕说文章事可以留名声于千载；但子建却说文章小道，不足论的。据我的意见，子建大概是违心之论。这里有两个原因，第一，子建的文章做得好，一个人大概总是不满意自己所做而羡慕他人所为的，他的文章已经做得好，于是他便敢说文章是小道；第二，子建活动的目标在于政治方面，政治方面不甚得志，遂说文章是无用了。

曹操、曹丕以外，还有下面的七个人：孔融、陈琳、王粲、徐干、阮瑀、应玚、刘桢，都很能做文章，后来称为"建安七子"。七人的文章很少流传，现在我们很难判断，但，大概都不外是"慷慨"、"华丽"罢。华丽即曹丕所主张，慷慨就因当天下大乱之际，亲戚朋友死于乱者特多，于是为文就不免带着悲凉、激昂和"慷慨"了。

七子之中，特别的是孔融，他专喜和曹操捣乱。曹丕《典论》里有论孔融的，因此他也被拉进"建安七子"一块儿去。其实不对，很两样的。不过在当时，他的名声可非常之大。孔融作文，喜用讥嘲的笔调，曹丕很不满意他。孔融的文章现在传的也很少，就他所有的看起来，我们可以瞧出他并不大对别人讥讽，只对曹操。比方操破袁氏兄弟，曹丕把袁熙的妻甄氏拿来，归了自己，孔融就写信给曹操，说当初武王伐纣，将妲己给了周公了。操问他的出典，他说，以今例古，大概那时也是这样的。又比方曹操要禁酒，说酒可以亡国，非禁不可，孔融又反对他，说也有以女人亡国的，何以不禁婚姻？

其实曹操也是喝酒的。我们看他的"何以解忧？惟有杜康"的诗句，就可以知道。为什么他的行为会和议论矛盾呢？此无他，因曹操是个办事人，所以不得不这样做；孔融是旁观的人，所以容易说些自由话。曹操见他屡屡反对自己，后来借故把他杀了。他杀孔融的罪状大概是不孝。因为孔融有下列的两个主张：

第一，孔融主张母亲和儿子的关系是如瓶之盛物一样，只要在瓶内把东西倒了出来，母亲和儿子的关系便算完了。第二，假使有天下饥荒的一个时候，有点食物，给父亲不给呢？孔融的答案是：倘若父亲是不好的，宁可给别人。——曹操想杀他，便不惜以这种主张为他不忠不孝的根据，把他杀了。倘若曹操在世，我们可以问他，当初求才时就说不忠不孝也不要紧，为何又以不孝之名杀人呢？然而事实上纵使曹操再生，也没人敢问他，我们倘若去问他，恐怕他把我们也杀了！

与孔融一同反对曹操的尚有一个祢衡，后来给黄祖杀掉的。祢衡的文章也不错，而且他和孔融早是"以气为主"来写文章的了。故在此我们又可知道，汉文慢慢壮大起来，是时代使然，非专靠曹操父子之功的。但华丽好看，却是曹丕提倡的功劳。

这样下去一直到明帝的时候，文章上起了个重大的变化，因为出了一个何晏。

何晏的名声很大，位置也很高，他喜欢研究《老子》和《易经》。至于他是怎样的一个人呢？那真相现在可很难知道，很难调查。因为他是曹氏一派的人，司马氏很讨厌他，所以他们的记载对何晏大不满。因此产生许多传说，有人说何晏的脸上是搽粉的，又有人说他本来生得白，不是搽粉的。但究竟何晏搽粉不搽粉呢？我也不知道。

但何晏有两件事我们是知道的。第一，他喜欢空谈，是空谈的祖师；第二，他喜欢吃药，是吃药的祖师。

此外，他也喜欢谈名理。他身子不好，因此不能不服药。他吃的不是寻常的药，是一种名叫"五石散"的药。

"五石散"是一种毒药，是何晏吃开头的。汉时，大家还不敢吃，何晏或者将药方略加改变，便吃开头了。五石散的基本，大概是五样药：石钟乳、石硫黄、白石英、紫石英、赤石脂；另外怕还配点别样的药。但现在也不必细细研究它，我想各位都是不想吃它的。

从书上看起来，这种药是很好的，人吃了能转弱为强。因此之故，何晏有钱，他吃起来了；大家也跟着吃。那时五石散的流毒就同清末的鸦片的流毒差不多，看吃药与否以分阔气与否的。现在由隋巢元方做的《诸病源候论》的里面可以看到一些。据此书，可知吃这药是非常麻烦的，穷人不能吃，假使吃了之后，一不小心，就会毒死。先吃下去的时候，倒不怎样的，后来药的效验既显，名曰"散发"。倘若没有"散发"，就有弊而无利。因此吃了之后不能休息，非走路不可，因走路才能"散发"，所以走路名曰"行散"。比方我们看六朝人的诗，有云："至城东行散"，就是此意。后来做诗的人不知其故，以为"行散"即步行之意，所以不服药也以"行散"二字入诗，这是很笑话的。

走了之后，全身发烧，发烧之后又发冷。普通发冷宜多穿衣，吃热的东西。但吃药后的发冷刚刚要相反：衣少，冷食，以冷水浇身。倘穿衣多而食热物，那就非死不可。因此五石散一名寒食散。只有一样不必冷吃的，就是酒。

吃了散之后，衣服要脱掉，用冷水浇身；吃冷东西；饮热酒。这样看起来，五石散吃的人多，穿厚衣的人就少；比方在广东提倡，一年以后，穿西装的人就没有了。因为皮肉发烧之故，不能穿窄衣。为预防皮肤被衣服擦伤，就非穿宽大的衣服不可。现在有许多人以为晋人轻裘、缓带、宽衣，在当时是人们高逸的表现，其实不知他们是吃药的缘故。一班名人都吃药，穿的衣都宽大，于是不吃药的也跟着名人，把衣服宽大起来了！

还有，吃药之后，因皮肤易于磨破，穿鞋也不方便，故不穿鞋袜而穿屐。所以我们看晋人的画像或那时的文章，见他衣服宽大，不鞋而屐，以为他一定是很舒服，很飘逸的了，其实他心里都是很苦的。

更因皮肤易破，不能穿新的而宜于穿旧的，衣服便不能常洗。因不洗，便多虱。所以在文章上，虱子的地位很高，"扪虱而谈"，当时竟传为美事。比方我今天在这里演讲的时候，扪起虱来，那是不大好的。但在那时不要紧，因为习惯不同之故。这正如清朝是提倡抽大烟的，我们看见两肩高耸的人，不觉得奇怪。现在就不行了，倘若多数学生，他的肩成为一字样。我们就觉得很奇怪了。

此外可见服散的情形及其他种种的书，还有葛洪的《抱朴子》。

到东晋以后，作假的人就很多，在街旁睡倒，说是"散发"以示阔气。就像清时尊读书，就有人以墨涂唇，表示他是刚才写了许多字的样子。故我想，衣大、穿屐、散发等等，后来效之，不吃也学起来，与理论的提倡实在是无关的。

又因"散发"之时，不能肚饿，所以吃冷物，而且要赶快吃，不论时候，一日数次也不可定。因此影响到晋时"居丧无礼"。——本来魏晋时，对于父母之礼是很繁多的。比方想去访一个人，那么，在未访之前，必先打听他父母及其祖父母的名字，以便避讳。否则，嘴上一说出这个字音，假如他的父母是死了的，主人便会大哭起来——他记得父母了——给你一个大大的没趣。晋礼居丧之时，也要瘦，不多吃饭，不准喝酒。但在吃药之后，为生命计，不能管得许多，只好大嚼，所以就变成"居丧无礼"了。

居丧之际，饮酒食肉，由阔人名流倡之，万民皆从之，因为这个缘故，社会上遂尊称这样的人叫作名士派。

吃"散发"源于何晏，和他同时的，有王弼和夏侯玄两个人，与晏同为服药的祖师。有他三人提倡，有多人跟着走。他们三人多是会做文章，除了夏侯玄的作品流传不多外，王何二人现在我们尚能看到他们的文章。他们都是生于正始的，所以又名曰"正始名士"。但这种习惯的末流，是只会吃药，或竟假装吃药，而不会做文章。

东晋以后，不做文章而流为清谈，由《世说新语》一书里可以看到。此中空论多而文章少，比较他们三个差得远了。三人中王弼二十余岁便死了，夏侯何二人皆为司马懿所杀。因为他二人同曹操有关系，非死不可，犹曹操之杀孔融，也是借不孝做罪名的。

二人死后，论者多因其与魏有关而骂他，其实何晏值得骂的就是因为他是吃药的发起人。这种服散的风气，魏，晋，直到隋，唐，还存在着，因为唐时还有"解散方"，即解五石散的药方，可以证明还有人吃，不过少点罢了。唐以后就没有人吃，其原因尚未详，大概因其弊多利少，和鸦片一样罢？

晋名人皇甫谧作一书曰《高士传》，我们以为他很高超。但他是服散的，曾有一篇文章，自说吃散之苦。因为药性一发，稍不留心，即会丧命，至少也会受非常的苦痛，或要发狂；本来聪明的人，因此也会变成痴呆。所以非深知药性，会解救，而且家里的人多深知药性不可。晋朝人多是脾气很坏，高傲、发狂、性暴如火的，大约便是服药的缘故。比方有苍蝇扰他，竟至拨剑追赶；就是说话，也要胡胡涂涂地才好，有时简直是近于发疯。但在晋朝更有以痴为好的，这大概也是服药的缘故。

魏末，何晏他们以外，又有一个团体新起，叫做"竹林名士"，也是七个，所以又称"竹林七贤"。正始名士服药，竹林名士饮酒。竹林的代表是嵇康和阮籍。但究竟竹林名士不纯粹是喝酒的，嵇康也兼服药，而阮籍则是专喝酒的代表。但嵇康也饮酒，刘伶也是这里面的一个。他们七人中差不多都是反抗旧礼教的。

这七人中，脾气各有不同。嵇阮二人的脾气都很大；阮籍老年时改得很好，嵇康就始终都是极坏的。

阮年轻时，对于访他的人有加以青眼和白眼的分别。白眼大概是全然看不见眸子的，恐怕要练习很久才能够。青眼我会装，白眼我却装不好。

后来阮籍竟做到"口不臧否人物"的地步，嵇康却全不改变。结果阮得终其天年，而嵇竟丧于司马氏之手，与孔融、何晏等一样，遭了不幸的杀害。这大概是因为吃药和吃酒之分的缘故：吃药可以成仙，仙是可以骄视俗人的；饮酒不会成仙，所以敷衍了事。

他们的态度，大抵是饮酒时衣服不穿，帽也不戴。若在平时，有这种状态，我们就说无礼，但他们就不同。居丧时不一定按例哭泣；子之于父，是不能提父的名，但在竹林名士一流人中，子都会叫父的名号。旧传下来的礼教，竹林名士是不承认的。即如刘伶——他曾做过一篇《酒德颂》，谁都知道——他是不承认世界上从前规定的道理的，曾经有这样的事，有一次有客见他,他不穿衣服。人责问他;他答人说,天地是我的房屋,房屋就是我的衣服,你们为什么进我的裤子中来?至于阮籍,就更甚了,他连上下古今也不承认,在《大人先生传》里有说:"天地解兮六合开,星辰陨兮日月颓,我腾而上将何怀?"他的意思是天地神仙,都是无意义,一切都不要,所以他觉得世上的道理不必争,神仙也不足信,既然一切都是虚无,所以他便沉湎于酒了。然而他还有一个原因,就是他的饮酒不独由于他的思想,大半倒在环境。其时司马氏已想篡位,而阮籍名声很大,所以他讲话就极难,只好多饮酒,少讲话,而且即使讲话讲错了,也可以借醉得到人的原谅。只要看有一次司马懿求和阮籍结亲,而阮籍一醉就是两个月,没有提出的机会,就可以知道了。

  阮籍作文章和诗都很好,他的诗文虽然也慷慨激昂,但许多意思都是隐而不显的。宋的颜延之已经说不大能懂,我们现在自然更很难看得懂他的诗了。他诗里也说神仙,但他其实是不相信的。嵇康的论文,比阮籍更好,思想新颖,往往与古时旧说反对。孔子说:"学而时习之,不亦说乎?"嵇康做的《难自然好学论》,却道,人是并不好学的,假如一个人可以不做事而又有饭吃,就随便闲游不喜欢读书了,所以现在人之好学,是由于习惯和不得已。还有管叔蔡叔,是疑心周公,率殷民叛,因而被诛,一向公认为坏人的。而嵇康做的《管蔡论》,就也反对历代传下来的意思,说这两个人是忠臣,他们的怀疑周公,是因为地方相距太远,消息不灵通。

  但最引起许多人的注意,而且于生命有危险的,是《与山巨源绝交书》中的"非汤武而薄周孔"。司马懿因这篇文章,就将嵇康杀了。非薄了汤武周孔,在现时代是不要紧的,但在当时却关系非小。汤武是以武定天下的；周公是辅成王的；孔子是祖述尧舜，而尧舜是禅让天下的。嵇康都说不好，那么，教司马懿篡位的时候，怎么办才是好呢？没有办法。在这一点上，嵇康于司马氏的办事上有了直接的影响，因此就非死不可了。嵇康的见杀，是因为他的朋友吕安不孝，连及嵇康，罪案和曹操的杀孔融差不多。魏晋，是以孝治天下的，不孝，故不能不杀。为什么要以孝治天下呢？因为天位从禅让，即巧取豪夺而来，若主张以忠治天下，他们的立脚点便不稳。办事便棘手，立论也难了，所以一定要以孝治天下。但倘只是实行不孝，其实那时倒不很要紧的，嵇康的害处是在发议论；阮籍不同，不大说关于伦理上的话，所以结局也不同。

但魏晋也不全是这样的情形，宽袍大袖，大家饮酒。反对的也很多。在文章上我们还可以看见裴𬱟的《崇有论》，孙盛的《老子非大贤论》，这些都是反对王何们的。在史实上，则何曾劝司马懿杀阮籍有好几回，司马懿不听他的话，这是因为阮籍的饮酒，与时局的关系少些的缘故。

然而后人就将嵇康、阮籍骂起来，人云亦云，一直到现在，1600多年。季札说："中国之君子，明于礼义而陋于知人心。"这是确的，大凡明于礼义，就一定要陋于知人心的，所以古代有许多人受了很大的冤枉。例如嵇、阮的罪名，一向说他们毁坏礼教。但据我个人的意见，这判断是错的。魏晋时代，崇奉礼教的看来似乎很不错，而实在是毁坏礼教，不信礼教的。表面上毁坏礼教者，实则倒是承认礼教，太相信礼教。因为魏晋时所谓崇奉礼教，是用以自利，那崇奉也不过偶然崇奉，如曹操杀孔融，司马懿杀嵇康，都是因为他们和不孝有关，但实在曹操、司马懿何尝是著名的孝子，不过将这个名义，加罪于反对自己的人罢了。于是老实人以为如此利用，亵黩了礼教，不平之极，无计可施，激而变成不谈礼教，不信礼教，甚至于反对礼教。——但其实不过是态度，至于他们的本心，恐怕倒是相信礼教，当作宝贝，比曹操、司马懿们要迂执得多。现在说一个容易明白的比喻罢，譬如有一个军阀，在北方——在广东的人所谓北方和我常说的北方的界限有些不同。我常称山东山西直隶河南之类为北方——那军阀从前是压迫民党的，后来北伐军势力一大，他便挂起了青天白日旗，说自己已经信仰三民主义了，是总理的信徒。这样还不够，他还要做总理的纪念周。这时候，真的三民主义的信徒，去呢，不去呢？不去，他那里就可以说你反对三民主义，定罪，杀人。但既然在他的势力之下，没有别法，真的总理的信徒，倒会不谈三民主义，或者听人假惺惺的谈起来就皱眉，好像反对三民主义模样。所以我想，魏晋时所谓反对礼教的人，有许多大约也如此。他们倒是迂夫子，将礼教当作宝贝看待的。

还有一个实证，凡人们的言论，思想，行为，倘若自己以为不错的，就愿意天下的别人，自己的朋友都这样做。但嵇康、阮籍不这样，不愿意别人来模仿他。竹林七贤中有阮咸，是阮籍的侄子，一样的饮酒。阮籍的儿子阮浑也愿加入时，阮籍却道不必加入，吾家已有阿咸在，够了。假若阮籍自以为行为是对的，就不当拒绝他的儿子，而阮籍却拒绝自己的儿子，可知阮籍并不以他自己的办法为然。至于嵇康，一看他的《绝交书》，就知道他的态度很骄傲的；有一次，他在家打铁——他的性情是很喜欢打铁的——钟会来看他了，他只打铁，不理钟会。钟会没有意味，只得走了。其时嵇康就问他："何所闻而来，何所见而去？"钟会答道:"闻所闻而来,见所见而去。"这也是嵇康杀身的一条祸根。但我看他做给他的儿子看的《家诫》——当嵇康被杀时,其子方十岁,算来当他做这篇文章的时候,他的儿子是未满十岁的——就觉得宛然是两个人。他在《家诫》中教他的儿子做人要小心。还有一条一条的教训。有一条是说长官处不可常去,亦不可住宿;长官送人们出来时,你不要在后面,因为恐怕将来官长惩办坏人时,你有暗中密告的嫌疑。又有一条是说宴饮时候有人争论,你可立刻走开,免得在旁批评,因为两者之间必有对与不对,不批评则不像样,一批评就总要是甲非乙,不免受一方见怪。还有人要你饮酒,即使不愿饮也不要坚决地推辞,必须和和气气的拿着杯子。我们就此看来,实在觉得很希奇:嵇康是那样高傲的人,而他教子就要他这样庸碌。因此我们知道,嵇康自己对于他自己的举动也是不满足的。所以批评一个人的言行实在难,社会上对于儿子不像父亲,称为"不肖",以为是坏事,殊不知世上正有不愿意他的儿子像自己的父亲哩。试看阮籍、嵇康,就是如此。这是,因为他们生于乱世,不得已,才有这样的行为,并非他们的本态。但又于此可见魏晋的破坏礼教者,实在是相信礼教到固执之极的。

  不过何晏、王弼、阮籍、嵇康之流,因为他们的名位大,一般的人们就学起来,而所学的无非是表面,他们实在的内心,却不知道。因为只学他们的皮毛,于是社会上便很多了没意思的空谈和饮酒。许多人只会无端的空谈和饮酒,无力办事,也就影响到政治上,弄得玩"空城计",毫无实际了。在文学上也这样,嵇康、阮籍的纵酒,是也能做文章的,后来到东晋,空谈和饮酒的遗风还在,而万言的大文如嵇阮之作,却没有了。刘勰说:

"嵇康师心以遣论,阮籍使气以命诗。"这"师心"和"使气",便是魏末晋初的文章的特色。正始名士和竹林名士的精神灭后,敢于师心使气的作家也没有了。

到东晋,风气变了。社会思想平静很多,各处都夹入了佛教的思想。再至晋末,乱也看惯了,篡也看惯了,文章便更和平。代表平和的文章的人有陶潜。他的态度是随便饮酒、乞食,高兴的时候就谈论和作文章,无尤无怨。所以现在有人称他为"田园诗人",是个非常和平的田园诗人。他的态度是不容易学的,他非常之穷,而心里很平静。家常无米,就去向人家门口求乞。他穷到有客来见,连鞋也没有,那客人给他从家丁取鞋给他,他便伸了足穿上了。虽然如此,他却毫不为意,还是"采菊东篱下,悠然见南山"。这样的自然状态,实在不易模仿。他穷到衣服也破烂不堪,而还在东篱下采菊,偶然抬起头来,悠然的见了南山,这是何等自然。现在有钱的人住在租界里,雇花匠种数十盆菊花,便做诗,叫作"秋日赏菊效陶彭泽体",自以为合于渊明的高致,我觉得不大像。

陶潜之在晋末,是和孔融于汉末与嵇康于魏末略同,又是将近易代的时候。但他没有什么慷慨激昂的表示,于是便博得"田园诗人"的名称。但《陶集》里有《述酒》一篇,是说当时政治的。这样看来,可见他于世事也并没有遗忘和冷淡,不过他的态度比嵇康、阮籍自然得多,不至于招人注意罢了。还有一个原因,先已说过,是习惯。因为当时饮酒的风气相沿下来,人见了也不觉得奇怪,而且汉魏晋相沿,时代不远,变迁极多,既经见惯,就没有大感触,陶潜之比孔融、嵇康和平,是当然的。例如看北朝的墓志,官位升进,往往详细写着,再仔细一看,他是已经经历过两三个朝代了,但当时似乎并不为奇。

据我的意思,即使是从前的人,那诗文完全超于政治的所谓"田园诗人"、"山林诗人",是没有的。完全超出于人间世的,也是没有的。既然是超出于世,则当然连诗文也没有。诗文也是人事,既有诗,就可以知道于世事未能忘情。譬如墨子兼爱,杨子为我。墨子当然要著书;杨子就一定不著,这才是"为我"。因为若做出书来给别人看,便变成"为人"了。

由此可知陶潜总不能超于尘世,而且,于朝政还是留心,也不能忘掉"死",这是他诗文中时时提起的。用别一种看法研究起来,恐怕也会成一个和旧说不同的人物罢。

自汉末至晋末文章的一部分的变化与药及酒之关系,据我所知的大概是这样。但我学识太少,没有详细的研究,在这样的热天和雨天费去了诸位这许多时光,是很抱歉的。现在这个题目总算是讲完了。

未有天才之前

鲁　迅

我自己觉得我的讲话不能使诸君有益或者有趣,因为我实在不知道什么事,但推托拖延得太久了,所以终于不能不到这里来说几句。

我看现在许多人对于文艺界的要求的呼声之中,要求天才的产生也可算是很大的了,这显然可以反证两件事:一是中国现在没有一个天才,二是大家对于现在艺术的厌薄。天才究竟有没有?也许有着罢,然而我们和别人都没有见。倘使据了见闻,就可以说没有;不但天才,还有使天才得以生长的民众。

天才并不是自生自长在深林荒野里的怪物,是由可以使天才生长的民众产生、长育出来的,所以没有这种民众,就没有天才。有一回拿破仑过 Alps 山说,"我比 Apls 山还要高!"这何等英伟,然而不要忘记他后面跟着许多兵;倘没有兵,那只有被山那面的敌人捉住或者赶回,他的举动,言语,都离了英雄的界线,要归入疯子一类了。所以我想,在要求天才的产生之前,应该先要求可以使天才生长的民众。——譬如想有乔木,想看好花,一定要有好土;没有土,便没有花木了,所以土实在较花木还重要。花木非有土不可,正同拿破仑非有好兵不可一样。

然而现在社会上的论调和趋势,一面固然要求天才,一面却要他灭亡，连预备的土也想扫尽。举出几样来说：

其一就是"整理国故"。自从新思潮来到中国以后，其实何尝有力，而一群老头子，还有少年，却已丧魂失魄的来讲国故了，他们说："中国自有许多好东西，都不整理保存，倒去求新，正如放弃祖宗遗产一样不肖。"抬出祖宗来说法，那自然是极威严的，然而我总不信在旧马褂未曾洗净叠好之前，便不能做一件新马褂。就现状而言，做事本来还随各人的自便，老先生要整理国故，当然不妨去埋在南窗下读死书；至于青年，却自有他们的活学问和新艺术，各干各事，还没有大妨害的，但若拿了这面旗子来号召，那就是要中国永远与世界隔绝了。倘以为大家非此不可，那更是荒谬绝伦！我们和古董商人谈天，他自然总称赞他的古董如何好，然而他决不痛骂画家、农夫、工匠等类，说是忘记了祖宗：他实在比许多国学家聪明得远。

其一是"崇拜创作"。从表面上看来，似乎这和要求天才的步调很相合，其实不然。那精神中，很含有排斥外来思想，异域情调的分子，所以也可以使中国和世界潮流隔绝的。许多人对托尔斯泰、都介涅夫、陀思妥夫斯奇的名字，已经厌听了，然而他们的著作，有什么译到中国来？眼光囚在一国里，听谈彼得和约翰就生厌，定须张三李四才行，于是创作家出来了，从实说，好的也离不了刺取点外国作品的技术和神情，文笔或者漂亮，思想往往赶不上翻译品，甚者还要加上些传统思想，使他适合于中国人的老脾气，而读者却已为他所牢笼了，于是眼界便渐渐的狭小，几乎要缩进旧圈套里去。作者和读者互相为因果，排斥异流，抬上国粹，那里会有天才产生？即使产生了，也是活不下去的。

这样的风气的民众是灰尘，不是泥土，在他这里长不出好花和乔木来！

还有一样是恶意的批评。大家的要求批评家的出现，也由来已久了，到目下就出了许多批评家。可惜他们之中很有不少是不平家，不像批评家，作品才到面前，便恨恨地磨墨，立刻写出很高明的结论道："唉，幼稚得很。中国要天才！"到后来，连并非批评家也这样叫咕了，他是听来的。其实即使天才，在生来的时候的第一声啼哭，也和平常的儿童的一样，决不会就是一首好诗。因为幼稚，当头加以戕贼，也可以萎死的。我亲见几个作者，都被他们骂得寒噤了。那些作者大约自然不是天才，然而我的希望是便是常人也留着。

恶意的批评家在嫩苗的地上驰马，那当然是十分快意的事；然而遭殃的是嫩苗——平常的苗和天才的苗。幼稚对于老成，有如孩子对于老人，决没有什么耻辱；作品也一样，起初幼稚，不算耻辱的。因为倘不遭了戕贼，他就会生长，成熟，老成；独有老衰和腐败，倒是无药可救的事！我以为幼稚的人，或者老大的人，如有幼稚的心，就说幼稚的话，只为自己要说而说，说出之后，至多到印出之后，自己的事就完了，对于无论打着什么旗子的批评，都可以置之不理的！

就是在座的诸君，料来也十之九愿有天才的产生罢，然而情形是这样，不但产生天才难，单是有培养天才的泥土也难。我想天才大半是天赋的；独有这培养天才的泥土，似乎大家都可以做。做土的功效，比要求天才还切近；否则，纵有成千成百的天才，也因为没有泥土，不能发达，要像一碟子绿豆芽。

做土要扩大了，那精神，就是收纳新潮，脱离旧套，能够容纳，了解那将来产生的天才；又要不怕做小事业，就是能创作的自然是创作，否则翻译，介绍，欣赏，读，消闲都可以。以文艺来消闲，说来似乎有些可笑，但究竟较胜于戕贼他。

  泥土和天才比，当然是不足齿数的，然而不是坚苦卓绝者，也怕不容易做；不过事在人为，比空等天赋的天才有把握。这一点，是泥土的伟大的地方，也是反有大希望的地方。而且也有报酬，譬如好花从泥土里出来，看的人固然欣然的赏鉴，泥土也可以欣然的赏鉴，正不必花卉自身，这才心旷神怡的——假如当作泥土也有灵魂的说。

流氓与文学

鲁 迅

流氓是什么呢？流氓等于无赖子加壮士、加三百代言。

司马迁说过，"儒以文乱法"而"侠以武犯禁"。由此可见儒和侠的流毒了。太史公为什么要说这样的话呢？因为他是道家，道家是主张"无为而治的"的。这种思想可以说是"癞蛤蟆想吃天鹅肉"，简直是空想，实际上是作不到的。

儒墨的思想恰好搅乱道家"无为而治"的主义。司马迁站在道家的立场上，所以要反对他们。可是，也不可太轻视流氓，因为流氓要是得了时机，也是很厉害的。凡是一个时代，政治要是衰弱，流氓就乘机而起，闹得乱七八糟，一塌糊涂，甚至于将政府推翻、取而代之的时候也不少。像刘备，从前就是一个流氓，后来居然也称为先主；刘邦出身也是一个流氓，后来伐秦灭楚，就当了汉高祖；还有朱洪武（明太祖）等等的，都是如此。

以上全说的是流氓。可是和文学又有什么关系呢？就是说，流氓一得势，文学就要破产。我们看一看，国民党北伐成功以后，新的文学还能存在么？嘻！早就灭亡了。为什么呢？就是因为他们没有新的计画，恐怕也"无暇及此"。既然不新，便要复旧。所谓"不进则退"，就是这个意思。

本来它的目的，就是要取得本身的地位。及至本身有了地位,就要用旧的方法来控制一切。如同现在提倡拳术、进行考试制度什么的,这都是旧有的。现在又要推行广大,这岂不是复旧么?为什么在革命未成功的时候,镇压旧文化提倡新文化,打倒一切旧有的制度,及至革命成功以后反倒要复旧呢?我们现在举一个例来说,比方有一个人在没钱的时候,说人家吃大菜、抽大烟、娶小老婆是不对的,一旦自己有了钱也是这样儿,这就是因为他的目的本来如此。他所用的方法,也不过是"儒的诡辩"和"侠的威胁"。

从前有《奔流》、《拓荒者》、《萌芽月刊》三种刊物,比较都有点儿左倾赤色,现在全被禁止了。听说在禁止之前,就暗地里逮捕作者,秘密枪毙,并且还活埋了一位!嘻,你瞧,这比秦始皇还厉害若干倍哪!

兄弟从前作了一本《呐喊》,书皮儿用的红颜色,以表示白话、俗话的意思。后来,有一个学生带着这本书到南方来,半路上被官家给检查出来了,硬说他有赤色的嫌疑,就给毙了。这就和刘备禁酒的一样。刘备说,凡查着有酿酒器具的,就把他杀了。有一个臣跟他说,凡是男子都该杀,因为他们都有犯淫的器具。可是,他为什么行这种野蛮的手段呢?就是因为他出身微贱,怕人家看不起,所以用这种手段,以禁止人家的讥讪诽谤。这种情形在从前还有,像明太祖出身也很微贱,后来当了皇帝怕人家轻视,所以常看人家的文章。有一个人,他的文章里头有一句是"光天之下",太祖认为这句的意思是"秃天子之下",因为明太祖本来当过和尚,所以说有意侮辱他,就把这个人给杀了。像这样儿,还能长久么?所以说:"马上得天下,不能以马上治之。"

史学与哲学

李大钊

李大钊（1889~1927），原名耆年，字寿昌、守常，笔名李钊、剑、剑影等。河北乐亭人。著名的马克思主义理论家、政治学家、历史学家、无产阶级革命家、中国共产党主要创始人之一。在北京大学等校讲授马克思的经济学说、历史哲学、唯物史观，主要论著收入《李大钊文集》。

今日所要和诸位商榷的，是史学及史学与哲学的关系，主体是讲史学。

凡一种学问，必于实际有用处，文学、史学都是如此。但是，用处是多方面的。得到了一种智识，以此智识为根据去解决一种问题是用处；以所有的学识成一著作与学术界相商榷，以期得到一个是处，也是用处。但是最要紧的用处，是用他来助我们人生的修养，都有极大的关系。人们要过优美的高尚的生活，必须要有内心的修养。史学、哲学、文学都于人生有密切的关系，并且都有他们的好处。从不同的研究，可以得到不同的结果，与我们以不同的修养。哲学、文学在我国从前已甚发达，史则中国虽有史书甚多，而史学却不发达。这不但中国为然，外国也是如此。因为史学正在幼稚时代,进步甚慢。但他于人生有极大影响,我们不但要研究他,且当替他宣传,引起人们研究的兴味,以促史学的进步。

一、历史一辞的意义

《说文解字》说,史是记事的人(即是书记官),"史"字从"中"从"又","中"是中正的意思。文字学家说,"又"字是象形字,"中"字不是中正的中,乃是"册"的象形字。"史"字有书役的义,即指掌记事者而言。日本训"史"字有ワヒト,以之为归化的人而专从事于文笔的事者的姓。此"史"字遂辗转而有记录的意思。英语称历史为 History,法语为 Histoire,意语为 Storia,皆由希腊语及拉丁语从 Historiai 而起,本意为"问而知之";把"问而知之"的结果写出来,即为记录,即是 History。德语称历史为 Geschichte,荷兰语为 Gesohiedenis,原皆指发生的事件或偶然的事变而言。各国文字的本义都不相同,今日使用的意义也复各异,所以发生了混乱错杂的见解了。

我们日常泛言历史,其涵义约有三种:(一)譬如说吾汉族有世无与比的历史,这并不指记录而说,乃指民族的经历或发展的过程,所以四千年的历史一语,可以说是文化进化的代名字;(二)又如说吾国无一可观的历史,其意乃指见识高远、文笔优美的历史书籍而言;(三)又如问一友人,以君所专考的科目是什么?答云历史。此"历史"二字,乃指一种科学的学问而言。中国并不没有普通的记录,而专考历史,以历史为一门科学的,却是没有。我们现在所要讨论的,就是成为一种科学的历史究是什么?

二、历史的定义

关于史的定义,史家不一其辞。因为各人目光不同,定义也因此各异;而现在史学又不十分发达,所以完全妥当的定义,竟是没有。今且举出几个定义中,我们或者能得到一个史学的概念。

Felint 的史的定义

弗氏谓历史学即是历史哲学。他说:"历史哲学,不是一个从历史事实分出来的东西,乃是一个包蕴在历史事实里边的东西。一个人愈能深喻历史事实的意义,他愈能深喻历史哲学;而于历史哲学,也愈能深喻于其神智。因为历史哲学,只是些历史事实的真实性质与根本关系的意义,合理的解释、知识罢了。"这里他所说的历史哲学,史学也包括在内。

Lamprecht 的史的定义

郎氏在他的《什么是历史》一书中说:"史事本体无他,即是应用心理学。历史乃是社会心理学的科学。"

Vanloon 氏的史的概念

万龙氏作有《人类史》一书。他的序文中有几句警语:

"最善的点,乃在环绕吾们的光荣的过去的大观,当吾们返于吾们日常的事业的时候,与吾们以新鲜的勇气,以临将来的问题。"

又说:"历史是经验的伟大楼阁,这是时间在过去世代的无终界域中建造的。达到这个古代建筑物的屋顶,并且得到那全部光景的利益,不是一件容易的事。除非青年的足是健强的。这事才能做到。此外,绝无人能登临。"

内田银藏博士的史学的要义

内田银藏博士是日本的史学者。他说:史学有三要义:

(一)随着时间的经过,人事进化不已。研究历史,当就其经过的行程而为考察。社会一天一天不断的发达进化,人事也一天一天不断的推移进行。就其发达进化的状态,就是就其不静止而移动的过程,以遂行考察,乃是今日史学的第一要义。

(二)当就实际所起的情形,一一搜察其证据。考察历史,须不驰空想,不逞臆测,应就现实发生的事例,依严密的调查考察,证据的手段,以究明人事的发展进化。这是历史的研究的特色。

(三)不把人事认作零零碎碎的东西去考察他,应该认作为有因果的、连锁的东西去考察他。现在的历史的研究,不能单以考察片段的事实为能事。须把人事看做整个的来研究,就其互相连锁的地方去考察他,以期能够明白事实与事实间相互的影响和感应——即是因果。但零碎的事实,也很要紧的。没有零碎,便没有整个。所以当就一个一个的零碎为基础,而后当做一个整个的而观察他的因果的关系。不过此一个一个事实,必须考查精确。假使是假的,差误的,那么由此而生的整个,也靠不住了。但太致力于烦琐的末节,而遗其大端,那也是不足取的。

梁任公氏的史的定义

最近梁任公氏著有《中国历史研究法》一书,在那本书里所下的史的定义是:"记述人类社会赓续活动的体相,校其总成绩求得其因果关系,以为现代一般人活动资鉴的是史。"

以上所举的,不过是供吾人参考的资料。我甚希望诸位参考诸家的说,自己为史学下一个比较的完全确切的定义。

三、史学与哲学及文学的关系

讲到史学与哲学、文学的关系,最好把倍根的分类先来参考一下。关于人生的学问,本不能严格的分开,使他们老死不相往来的,因为人生是整个的。但现在为分工起见,所以不得不分成多种专门的学,以求深造。但学问虽贵乎专,却尤贵乎通。科学过重分类,便有隔阂难通之弊。所以虽然专门研究,同时相互的关系也应知道。专而不通,也非常危险,尤以关于人生的学问为然。史学和哲学、文学的来源是相同的,都导源于古代的神话和传说。虽然我们分工之后,同源而分流,但也一样可以帮助我们为人生的修养,所以也可以说是殊途而同归的。

倍根的分类,见于他所著的 *Advancement of Learning*（1605）及以拉丁文著的 *The Dignity and Advancement of Learning*（1623）。这二书都是讲当时的思想的发展的。在此二种中,他把学问分为三大类:（一）历史;（二）诗;（三）哲学。这是按照心的能力而分的。因为心的能力也有三:（一）记忆;（二）想象;（三）理性。记忆所产生的是史,想象所产生的是诗,理性所产生的是哲学。这个分类,在今日看来是不完全的,因为他只是指他那时代的学问状况而说的,但我们正好藉用他的分类,说明史学、文学、哲学三者的关系的密切。

他把历史分为自然史、人事史,而人事史又分为宗教史、文学史等。

哲学也分为三类：（一）关于神明的；（二）关于自然的；（三）关于人的。哲学二字的意义，也与现在不同。他所说的哲学，是穷理的意思；此外又有第一根源的哲学，包括三部的本源的普遍的学问。

诗也不是专指诗歌而言，凡想像、假作而叙事的文学都是，不必定为韵文。

诗与史的关系是很密切的。要考察希腊古代的历史，必须读荷马的《史诗》，因他的诗中包蕴很多的史料。孟子说："王者之迹熄而诗亡，诗亡然后春秋作。"春秋是史，他说诗亡而后春秋作，也可见史与诗间大有关系。即如《诗经》一书，虽是古诗，却也有许多许多的史料在内。要研究中国古代诗，不能不把此书当作重要的参考书。郎氏（Lamprecht）谓："史有二方面：（一）取自然主义的形式的——谱系；（二）取理想主义的形式的——英雄诗。谱系进而成为编年史，英雄诗进而成为传记。"这都可证明诗与史的关系密切了。

哲学与史的关系的密切，也很容易证明。譬如老子是哲学家，但他也是个史学家，因为他是周的史官。班《志》说：道家出于史官。可见哲学与史学也是相通的。

倍根之后，孔德、斯宾塞、冯德诸家，各有另立的分类。不过倍根的分类，与我们以特别有关系的材料，所以藉来作史学、哲学、文学的关系的证明。

四、历史与历史学的关系

以历史为中心,史学可分二部:记述历史;历史理论。记述的历史的目的,是欲确定各个零碎的历史事实,而以活现的手段描写出来,这是艺术的工作。历史理论的目的,是在把已经考察确定的零碎事实合而观之,以研究其间的因果关系的,这乃是科学的工作。

此外,又有历史哲学一项,但从系统上讲起来,宜放置哲学分类之下。

五、哲学与史学的接触点

哲学与历史相接触点有三,即是:哲学史、哲理的历史及历史哲学。

哲学史是以哲学为研究的对象,用历史的方法去考察他,其性质宜列入哲学系统中。哲理的历史,是用哲理的眼光去写历史,是属于史的性质的,但太嫌空虚。历史哲学是哲学的一部分,哲学是于科学所不能之处,去考察宇宙一切现象的根本原理的。历史事实是宇宙现象的一部分,所以亦是史学所研究的对象的一部分。

六、哲学与史学的关系

哲学仿佛是各种科学的宗邦,各种科学是逐渐由哲学分出来的独立国。哲学的领地，虽然一天一天的狭小，而宗邦的权威仍在哲学。

科学之所穷，即哲学之所始。两者的性质上区别虽经确立，不容相混了，然而两者的界限，却并未如长江大河为之截然分界。二者之间有一中区，譬如历史与哲学虽各有领域，而历史哲学便处于二者之间，不能说完全属诸史学，也不能完全属诸哲学。

立在史学上以考察其与哲学的关系，约有四端：

（一）哲学亦为史学所研究的一种对象。史学的对象，系人生与为人生的产物的文化。文化是多方面的，哲学亦其一部分。所以哲学亦为史学家所认为当研究的一种对象。

（二）历史观。史学家的历史观，每渊源于哲学。社会现象，史学家可以拿自己的历史观来考察之，解释之。譬如现在的女权运动和打破大家庭的运动，是从什么地方来的，都可以一种历史观观察之。马克思的唯物史观，是历史观的一种。他以为社会上、历史上种种现象之所以发生，其原动力皆在于经济，所以以经济为主点，可以解释此种现象。此外，圣西门有智识的史观，以为智识可以决定宗教，宗教可以决定政治。此外，还有宗教的史观、算术的史观等等。或谓史学家不应有历史观，应当虚怀若谷地去研究，不可有偏见或成见，以历史附会己说，才可算是好史学家。或者说史学家应有历史观，然后才有准绳去处置史料，不然便如迷离漂荡于洋海之中，茫无把握，很难寻出头绪来。这话是很对的。史学家当有一种历史观，而且自然的有一种历史观，不过不要采了个偏的、差的历史观罢了。

马克思的唯物史观，很受海格尔的辩证法的影响，就是历史观是从哲学思想来的明证。

（三）就历史事实而欲阐明一般的原理，便不得不借重于哲学。

（四）史学研究法与一般理论学或智识哲学，有密切关系。

现在再从哲学方面来考察他与史学的关系：

（一）历史是宇宙的一部分，哲学是研究宇宙一切现象的，所以历史事实亦属于哲学所当考量的对象之中。

（二）人生哲学或历史学，尤须以史学所研究的结果为基础。

（三）哲学可在旁的学问中，得到观察的方法和考量的方法。所以哲学也可以由历史的研究，得到他的观察法和考量法，以之应用到哲学上去。

（四）要知哲学与一般社会及人文的状态的关系，于未研究哲学之先，必先研究时代的背景及一般时代的人文的状况。所以虽研究哲学，也必以一般史识为要。

（五）研究某哲学家的学说，必须研究某哲学家的传记。

（六）哲学史亦是一种历史的研究，故亦须用历史研究法的研究以研究哲学史。

历史哲学是研究历史的根本问题的。如人类生活究竟是什么？人类的行动是有预定轨道的，还是人生是做梦一般的？我们所认为历史事实的是真的呢，还是空虚的？人类背后究竟有根本大法操持一切的呢，还是历史上种种事实都是无意义的流转，譬彼舟流不知所届呢？人类自有史以来，是进步的，还是退化的？人类进化果然是于不知不识中向一定的方向进行呢，还是茫无定向呢？国家民族的命运及其兴衰荣枯，是人造的，还是人们无能为力的？种种事实，纷纭错杂，究竟有没有根本原理在那里支配？这都是历史哲学的事。因为用科学的方法去研究，只能到一定的程度为止；科学所不及的，都是哲学的事了。

七、史学、文学、哲学与人生修养的关系

我们要研究学问，不是以学问去赚钱，去维持生活的，乃是为人生修养上有所受用。文学可以启发我们感情。所以说，诗可以兴，可以怨；又说，兴于诗。文学是可以发扬民族和社会的感情的。哲学于人生关系也切。人们每被许多琐屑细小的事压住了，不能达观，这于人生给了很多的苦痛。哲学可以帮助我们得到一个注意于远大的观念，从琐屑的事件解放出来，这于人生修养上有益。史学于人生的关系，可以分智识方面与情感方面二部去说。从情感方面说，史与诗（文学）有相同之用处，如读史读到古人当危急存亡之秋，能够激昂慷慨，不论他自己是文人武人，慨然出来，拯民救国，我们的感情都被他激发鼓动了，不由的感奋兴起，把这种扶持国家民族的免于危亡的大任放在自己的肩头。这是关于感情的。其关于智识方面的，就是我们读史，可以得到一种观察世务的方法，并可以加增认知事实和判断事实的力量。人名、地名，是不甚要紧的，能够记得也好，不记得也不妨事的。二者帮助人生的修养，不但是殊途同归，抑且是相辅为用。史学教我们踏实审慎，文学教我们发扬蹈厉。

此外，历史观与人生观亦有密切的关系。哲学教我们扼要达观。三者交相为用，可以使我们精神上得一种平均的调和的训练与修养。自马克思经济的历史观把古时崇拜英雄圣贤的观念打破了不少，他给了我们一种新的人生观，使我们知道社会的进步不

是靠少数的圣贤豪杰的，乃是靠一般人的；而英雄也不过是时代的产物；我们的新时代，全靠我们自己努力去创造。有了这种新的历史观，便可以得到一种新的人生观。前人以为人们只靠天、靠圣贤豪杰，因此不见圣贤出来，便要发出"前不见古人，后不见来者，念天地之悠悠，独怆然而涕下"的叹声；因此生逢衰乱的时代，便发出"昊天不吊"或"我生不辰"的叹声。在此等叹声中，可以寻知那听天认命的历史观影响于人们的人生观怎样大了。现在人们把历史观改变了，这种悲观、任运、消极、听天的人生观，也自然跟着去掉；而此新的历史观，却给我们新鲜的勇气，给我们乐观迈进的人生观。

从前的历史观，使人迷信人类是一天一天退化的，所以有崇古卑今的观念。中国如此，西洋亦然。他们谓黄金时代，一变而为银时代，更变而为铜时代、铁时代，这便是说世道人心江河日下了。这种黄金时代说，在十七世纪时为一班崇今派的战主攻击的中心。当时，今古的争论极烈，一方面说古的好，他方说今的好。倍根等都是赞成新的、崇尚今的。他们说：以前的圣贤的知识，并不如我们多，今世仍旧可以要出圣贤豪杰的。二者相争甚烈，在法、意等国两派都有极烈的争论。诗人的梦想，多以前代、过去的时代为黄金时代。中国的《采薇》、《获麟》诸歌和陶渊明一流的诗，都有怀思黄、农、虞、夏的感想。黄、农、虞、夏之世，便是中国人理想中的黄金时代。新历史家首当打破此种谬误的观念，而于现在、于将来努力去创造黄金时代。因为黄金时代，总是在我们的面前，不会在我们的背后。怀古派所梦寐回思的黄金时代，总是些草昧未开、洪荒未阔的景象，没有什么使我们今人羡慕的理由。我们试一登临那位时先生在过去世代的无止境中，为我们建筑的一座经验的高楼绝顶，可以遍历环绕我们的光荣的过去的大观，凭着这些阶梯，我们不但可以认识现在，并且可以眺望将来。在那里，我们可以得到新鲜的勇气；在那里，我们可以得到乐天迈进的人生观。这种娱快，这种幸福，只有靠那一班登临这座高楼的青年们，长驱迈进的健行不息，才能得到。这是史学的真趣味，这是研究史学的真利益。

庶民的胜利

李大钊

我们这几天庆祝战胜,实在是热闹的很。可是战胜的,究竟是那一个?我们庆祝,究竟是为那个庆祝?我老老实实讲一句话,这回战胜的,不是联合国的武力,是世界人类的新精神。不是那一国的军阀或资本家的政府,是全世界的庶民。我们庆祝,不是为那一国或那一国的一部分人庆祝,是为全世界的庶民庆祝。不是为打败德国人庆祝,是为打败世界的军国主义庆祝。

这回大战,有两个结果,一个是政治的,一个是社会的。

政治的结果,是"大……主义"失败,民主主义战胜。我们记得这回战争的起因,全在"大……主义"的冲突。当时我们所听见的,有什么"大日尔曼主义"咧,"大斯拉夫主义"咧,"大塞尔维主义"咧,"大……主义"咧。我们东方,也有"大亚细亚主义"、"大日本主义"等等名词出现。我们中国也有"大北方主义"、"大西南主义"等等名词出现。"大北方主义"、"大西南主义"的范围以内,又都有"大……主义"等等名词出现。这样推演下去,人之欲大,谁不如我?于是两大的中间有了冲突,于是一大与众小的中间有了冲突,所以境内境外战争迭起,连年不休。

"大……主义"就是专制的隐语,就是仗着自己的强力蹂躏他人欺压他人的主义。有了这种主义，人类社会就不安宁了。大家为抵抗这种强暴势力的横行，乃靠着互助的精神，提倡一种平等自由的道理。这等道理，表现在政治上，叫做民主主义，恰恰与"大……主义"相反。欧洲的战争，是"大……主义"与民主主义的战争。我们国内的战争，也是"大……主义"与民主主义的战争。结果都是民主主义战胜，"大……主义"失败。民主主义战胜，就是庶民的胜利。社会的结果，是资本主义失败，劳工主义战胜。原来这回战争的真因，乃在资本主义的发展。国家的界限以内，不能涵容他的生产力，所以资本家的政府想靠着大战，把国家界限打破，拿自己的国家做中心，建一世界的大帝国，成一个经济组织，为自己国内资本家一阶级谋利益。俄、德等国的劳工社会，首先看破他们的野心，不惜在大战的时候，起了社会革命，防遏这资本家政府的战争。联合国的劳工社会，也都要求平和，渐有和他们的异国的同胞取同一行动的趋势。这亘古未有的大战，就是这样告终。这新纪元的世界改造，就是这样开始。资本主义就是这样失败，劳工主义就是这样战胜。世间资本家占最少数，从事劳工的人占最多数。因为资本家的资产，不是靠着家族制度的继袭，就是靠着资本主义经济组织的垄断，才能据有。这劳工的能力，是人人都有的，劳工的事情，是人人都可以做的，所以劳工主义的战胜，也是庶民的胜利。

民主主义劳工主义既然占了胜利，今后世界的人人都成庶民，也就都成了工人。我们对于这等世界的新潮流，应该有几个觉悟：第一，须知一个新命的诞生，必经一番苦痛，必冒许多危险。有了母亲诞孕的劳苦痛楚，才能有儿子的生命。这新纪元的创造，也是一样的艰难。这等艰难，是进化途中所必须经过的，不要恐怕，不要逃避的。第二，须知这种潮流，是只能迎，不可拒的。我们应该准备怎么能适应这个潮流，不可抵抗这个潮流。人类的历史，是共同心理表现的记录。一个人心的变动，是全世界人心变动的征兆。一个事件的发生，是世界风云发生的先兆。一七八九年的法国革命，是十九世纪中各国革命的先声。一九一七年的俄国革命，是二十世纪中世界革命的先声。第三，须知此次平和会议中，断不许持"大……主义"的阴谋政治家在那里发言，断不许有带"大……主义"臭味，或伏"大……主义"根蒂的条件成立。即或有之，那种人的提议和那种条件，断归无效。这场会议，恐怕必须有主张公道破除国界的人士占列席的多数，才开得成。第四，须知今后的世界，变成劳工的世界。我们应该用此潮流为使一切人人变成工人的机会，不该用此潮流为使一切人人变成强盗的机会。凡是不做工吃干饭的人，都是强盗。强盗和强盗夺不正的资产，也是一种的强盗，没有什么差异。我们中国人贪惰性成，不是强盗，便是乞丐，总是希图自己不作工，抢人家的饭吃，讨人家的饭吃。到了世界成一大工厂，有工大家作，有饭大家吃的时候，如何能有我们这样贪惰的民族立足之地呢？照此说来，我们要想在世界上当一个庶民，应该在世界上当一个工人。诸位呀！快去作工呵！

人种问题

李大钊

人种与民族之关系，在不同的各种族之间，自然要发生一种"异视"的感觉。这是种族的本能。

英国白徕士（Bryce）男爵于 1915 年 2 月在伦敦大学的讲演中，指明这种本能有下列各重要之点：

（一）这种"异视"的本能，在原始时代糅杂的种族之间，往往存在，一到相同的种族间，就似乎立即消灭，看不出来。

（二）在文化进步的时期内，政治上的竞争和宗教上的冲突，各本其所有的"确执"，往往把人定。

人类在历史上的生活正如旅行一样。旅途上的征人所经过的地方，有时是坦荡平原，有时是崎岖险路。老于旅行的人，走到平坦的地方，固是高高兴兴的向前走，走到崎岖的境界，愈是奇趣横生，觉得在此奇绝壮绝的境界，愈能感到一种冒险的美趣。

中华民族现在所逢的史路，是一段崎岖险阻的道，在这一段道路上，实在亦有一种奇绝的景致，使我们经过此段道路的人，感到一种壮美的趣味，但这种壮美的趣味。是非有雄健的精神，不能够觉到的。

我们的扬子江、黄河，可以代表我们的民族精神，扬子江及黄河遇见沙漠、遇见山峡都是浩浩荡荡的往前流过去，以成其流滚滚，一泻万里的魄势。目前的艰难境界，哪能阻抑我们民族生命的前进。我们应该拿出雄健的精神，高唱着进行的曲调，在这悲壮的歌声中，走过这崎岖险阻的道路。要知在艰难的国运中建造国家，亦是人生最有趣味的事……

泰 戈 尔

徐志摩

徐志摩（1897～1931），原名章垿，笔名南湖、云中鹤等，浙江海宁人。现代诗人、散文家。1930年到北京大学与北京女子大学任教。1931年初，与陈梦家、方玮德创办《诗刊》季刊，被推选为世界笔会中国分会理事。著有诗集《志摩的诗》、《翡冷翠的一夜》、《猛虎集》、《云游》，散文集《落叶》、《巴黎的鳞爪》、《自剖》、《秋》，小说散文集《轮盘》，戏剧《卞昆冈》（与陆小曼合写），日记《爱眉小札》、《志摩日记》，译著《曼殊斐尔小说集》等。

我有几句话想趁这个机会向诸君讲，不知道你们有没有耐心听。泰戈尔先生快走了，在几天内他就离别北京，在一两个星期内就告辞中国。他这一去大约就不会再来的了。也许他永远不能到中国。

他是六七十岁的老人，他非但身体不强健，他并且是有病的。去年秋天他还发了一次很重的骨痛热病。所以他要到中国来，不但他的家属，他的亲戚朋友，他的医生，都不愿意他冒险，就是他欧洲的朋友，比如法国的罗曼·罗兰，也都有信去劝阻他。他自己也曾经踌躇了好久,他心里常常盘算他如期到中国来,他究竟能不能给我们好处,他想中国人自有他们的诗人,思想家,教育家,他们有他们的智慧,天才,心智的财富与营养,他们更用不着外来的补助与戟刺,我只是一个诗人,我没有宗教家的福音,没有哲学家的理论,更没有科学家实利的效用,这是工程师建设的才能,他们让我去做什么,我自己又为什么要去,我有什么礼物带去满足他们的盼望,他真的很觉迟疑,所以他延迟了他的行期。但是他也对我们说到冬天完了春风吹动的时候(印度的春风比我们的吹得早),他不由的感觉了一种内迫的冲动,他面对着逐渐滋长的青草与鲜花,不由地抛弃了,忘却了他应尽的职务,不由的解放了他的歌唱的本能,和着新来的鸣雀,在柔软的南风中开怀的低吟,同时他收到我的催请的信,我们青年盼望他的诚意与热心,唤起了老人的勇气。他立即定夺了他东去的决心。他说趁我暮年的肢体不曾僵透,趁我衰老的心灵还能感受,决不可错过这最后惟一的时机,这博大,从容,礼让的民族,我幼年时便发心朝拜,与其将来在黄昏寂静的境界中萎衰的惆怅,何如利用这夕阳未瞑时的光芒,了却我晋香人的心愿?

他所以决意地东来。他不顾亲友的劝阻,医生的警告,不顾他自身高年与病体,他也撇开了他在本国一切的任务,跋涉了万里的海程,他来到了中国。

自从四月十二日在上海登岸以来,可怜老人不曾有过一天半天完整的休息,旅行的劳顿不必说,单就公开的演讲以及较小集会时的谈话,至少也有了三四十次!他的,我们知道,不是教授们的讲义,不是教士们的讲道,他的心府不是堆积货物的栈房,他的辞令不是教科书的喇叭。他是灵活的泉水,一颗颗颤动的圆珠从他心里兢兢的泛登水面都是生命的精液；他是瀑布的吼声，在白云间，青林中，石罅里，不住地啸响；他是百灵的歌声，他的欢欣，愤慨，响亮的谐音，弥漫在无际的晴空。但是他口倦了，终夜的狂歌已经耗尽了子规的精力，东方的曙色亦照出他点点的心血，染红了蔷薇枝上的白露。

老人是疲乏了。这几天他睡眠也不得安宁。他已经透支了他有限的精力。他差不多是靠散拿吐瑾过日的，他不由的不感觉风尘的厌倦，他时常想念他少年时在恒河边沿拍浮的清福，他想望椰树的清荫与曼果的甜瓤。

但他还不仅是身体的疲劳，他也感觉心境的不舒畅。这是很不幸的。我们做主人的只是深深的负歉。他这次来华，不为游历，不为政治，更不为私人的利益，他熬着高年，冒着病体，抛弃自身的事业，备尝行旅的辛苦，他究竟为的是什么？他为的只是：一点看不见的情感，说远一点，他的使命是在修补中国与印度两民族间中断千余年的桥梁，说近一点，他只想感召我们青年真挚的同情。因为他是信仰生命的，他是尊崇青年的，他是歌颂青春与清晨的。他永远指点着前途的光明。悲悯是当初释迦牟尼正果的动机，悲悯也是泰戈尔先生不辞艰苦的动机。现代的文明只是骇人的浪费，贪淫与残暴，自私与自大，相猜与相忌，飓风似的倾覆了人道的平衡，产生了巨大的毁灭。芜秽的心田里只是误解的曼草，毒害同情的种子，更没有收成的希冀。在这荒惨的境地里，难得有少数的丈夫，不怕阻难，不自馁怯，肩上扛着铲除误解的大锄，口袋里满装着新鲜人道的种子，不问天时是阴是雨是晴，不问是早晨是黄昏是黑夜，他只是努力地工作，清理一方泥土，施殖一方生命，同时口唱着嘹亮的新歌，鼓舞在黑暗中将次透露的萌芽,泰戈尔先生就是这少数中的一个。他是来广布同情的,他是来消除成见的,我们亲眼见过他慈祥的阳春似的表情,亲耳听过他从心灵底迸裂出来的大声,我想只要我们的良心不曾受恶毒,烟煤熏黑,或是被恶浊的偏见污蔑;谁不曾感觉他至诚的力量,魔术似的,为我们生命的前途开辟了一个神奇的境界,燃点了理想的光明?所以我们也懂得他的深刻的懊怅与失望,如其他知道部分的青年不但不能容纳他的灵感,并且存心的诋毁他的热忱。我们固然奖励思想的独立,但我们决不能附和误解的自由。他生平最满意的成绩就在他永远能得青年的同情,不论在德国、在丹麦、在美国、在日本。青年永远是他最忠心的朋友。他也曾经遭受种种误解与攻击,政府的猜疑与报纸的诬捏与守旧派的讥评,不论如何的谬妄与剧烈,从不曾扰动他优容的大量,他的希望、他的信仰、他的爱心、他的至诚,完全的托付青年。我的须、我的发是白的,但我的心却永远是青的,他常常的对我们说,只要青年是我的知己,我理想的将来就有着落,我乐观的明灯永远不致暗淡。他不能相信纯洁的青年也会堕落在怀疑、猜忌、卑琐的泥潭。他更不能相信中国的青年也会沾染不幸的污点。他真不预备在中国遭受意外的待遇,他很不自在,他很感觉异样的怆心。

因此精神的懊丧更加重他躯体的倦劳。他差不多是病了。我们当然很焦急的期望他的健康,但他再没有心境继续他的讲演。我们恐怕今天就是他在北京公开讲演最后的一个机会。他有休养的必要。我们也决不忍再使他耗费他有限的精力。他不久又有长途的跋涉,他不能不有三四天完全的养息,所以从今天起,所有已经约定的会集,公开与私人的,一概撤消,他今天就出城去静养。

　　我们关切他的一切可以原谅，就是一小部分不愿意他来做客的诸君也可以自喜战略的成功。他是病了，他在北京不再开口了，他快走了，他从此不再来了。但是同学们，我们也得平心的想想，老人到底有什么罪，他有什么负心，他有什么不可容赦的犯案？公道是死了吗？为什么听不见你的声音了。

　　他们说他是守旧，说他是顽固，我们能相信吗？他们说他是"太迟"，说他是"不合时宜"，我们能相信吗？他自己是不能相信，真的不能信。他说这一定是滑稽家的反调，他一生所遭逢的批评只是太新，太早，太急进，太激烈，太革命的，太理想的，他六十年的生涯只是不断的奋斗与冲锋，他现在还只是冲锋与奋斗。但是他们说他是守旧，太迟，太老。他顽固的奋斗的对象只是暴烈主义，资本主义，帝国主义，武力主义，杀灭牲灵的物质主义；他主张的只是创造的生活，心灵的自由，国际的和平，教育的改造，普爱的实现。但他们说他是帝国政府的间谍，资本主义的助力，亡国的奴族的流民，提倡裹脚的狂人！肮脏是在我们的政客与暴徒的心里，与我们的诗人又有什么关联？昏乱是在我们冒名的学者与文人的脑里，与我们的诗人又有什么亲属？我们何妨说太阳是黑的，我们何妨说苍蝇是真理？同学们，听信我的话，像他的这样伟大的声音我们也许一辈子再不会听着的了。留神目前的机会，预防将来的惆怅！他的人格我们只能到历史上去搜寻比拟。他的博大的温柔的灵魂我敢说永远是人类记忆里的一次灵迹。他的无边际的想象与辽阔的同情使我们想起惠德曼；他的博爱的福音与宣传的热心使我们记起托尔斯泰；他的坚韧的意志与艺术的天才使我们想起造摩西像的密仡郎其罗；他的诙谐与智慧使我们想象当年的苏格拉底与老聃；他的人格的和谐与优美使我们想念暮年的葛德：他的慈祥的纯爱的抚摸，他的为人道不厌的努力，他的磅礴的大声，有时竟使我们唤起救主的心像；他的光彩，他的音乐，他的雄伟，使我们想念奥林匹克山顶的大神。他是不可侵凌的，不可逾越的，他是自然界的一个神秘的现象，他是三春和暖的南风，惊醒树枝上的新芽，增添处女颊上的红晕。他是普照的阳光。他是一派浩翰的大水，来从不可追寻的渊源，在大地的怀抱中终古的流着，不息的流着，我们只是两岸的居民，凭借这慈恩的天赋，灌溉我们的田稻，苏解我们的消渴，洗净我们的污垢。他是喜马拉雅积雪的山峰，一般的崇高，一般的纯深，一般的壮丽，一般的高傲，只是无限的青天枕籍他银白的头颅。人格是一个不可错误的实在，荒歉是一件大事，但我们是饿惯了的，只认鸠形与鹄面是人生本来面目，永远忘却，真健康的颜色与彩泽、标准的低降是一种可耻的堕落；我们只是踞坐在井底的青蛙，但我们更没有怀疑的余地。我们也许端详东方的初白，却不能非议中天的太阳。我们也许见惯了阴霾的天时，不耐这热烈的光焰，消散天空的云雾，暴露地面的荒芜，但同时在我们心灵的深处，我们岂不也感觉一个新鲜的影响，催促我们生命的跳动，唤起潜在的想望，仿佛是武士望见了前峰烽烟的信号，更不踌躇的奋勇前向？只有接近了这样超轶的纯粹的丈夫，这样不可错误地实在，我们方始相形的自愧我们的口不够阔大，我们的嗓音不够响亮，我们的呼吸不够深长，我们的信仰不够坚定，我们的理想不够莹澈，我们的自由不够磅礴，我们的语言不够明白，我们的情感不够热烈，我们的努力不够勇猛，我们的资本不够充实……

我自信我不是恣滥不切事理的崇拜，我如其曾经应用浓烈的文字，这是因为我不能自制浓烈的感想。但我最急切要声明的是我们的诗人，虽则常常招受神秘的徽号，在事实上却是最清明，最有趣，最诙谐，最不神秘的生灵。他是最通达人情，最近人情的。我盼望有机会追写他日常生活与谈话。如其我是犯嫌的，如其我也是情近神秘的（有好多朋友这么说），你们还有适之先生的见证，他也说他是最可爱最可亲的个人；我们可以相信适之先生绝对没有"情近神秘"的嫌疑！所以无论他怎样的伟大与深厚，我们的诗人还只是有骨有血的人，不是野人，也不是天神。惟其是人，尤其是最富情感的人，所以他到处要求人道的温暖与安慰，尤其要我们中国青年的同情与情爱，他已经为我们尽了责任，我们不应，更不忍辜负他的期望。同学们，爱你的爱，崇拜你的崇拜，是人情不是罪孽，是勇敢不是懦怯！

学术救国

胡 适

胡适（1891～1962），原名洪骍，字适之。安徽绩溪人。著名的哲学家、文学史家、作家。1910年赴美国，先后在康奈尔大学和哥伦比亚大学攻读农科和文、史、哲学，师从于实用主义大师杜威。1917年7月回国，在北京大学担任过中文系主任、英文系主任、文学院院长、校长等职务。讲授过中国哲学史、西洋哲学史、中国文学史概要、唐宋思想史等课程。胡适一生涉猎文学、哲学、史学等多个学科领域，进行过许多开拓性的研究，是中国现代文化的奠基人之一。著有《胡适文存》、《中国哲学史大纲》、《白话文学史》、《胡适文集》、《胡适作品集》等。

今天时间很短，我不想说什么多的话。我差不多有九个月没到大学来了！现在想到欧洲去。去，实在不想回来了！能够在那面找一个地方吃饭、读书就好了。但是我的良心是不是就能准许我这样，尚无把握。那要看是哪方面的良心战胜。今天我略略说几句话，就作为临别赠言吧。

去年八月的时候，我发表了一篇文章，说到救国与读书的，当时就有很多人攻击我。但是社会送给名誉与我们，我们就应该本着我们的良心、知识、道德去说话。社会送给我们的领袖的资格，是要我们在生死关头上，出来说话做事，并不是送名誉与我们，便于吃饭拿钱的。我说的话也许是不入耳之言，但你们要知道不入耳之言亦是难得的呀！

去年我说，救国不是摇旗呐喊能够行的；是要多少多少的人投身于学术事业，苦心孤诣实事求是的去努力才行。刚才加藤先生说新日本之所以成为新日本之种种事实，使我非常感动。日本很小的一个国家，现在是世界四大强国之一。这不是偶然来的，是他们一般人都尽量的吸收西洋的科学、学术才成功的。你们知道无论我们要作什么，离了学术是不行的。

所以我主张要以人格救国，要以学术救国。今天只就第二点略为说说。

在世界混乱的时候，有少数的人，不为时势转移，从根本上去做学问，不算什么羞耻的事。三一八惨案过后三天，我在上海大同学院讲演，我是这个意思。今天回到大学来与你们第一次见面，我还是这个意思，要以学术救国。

这本书是法人巴士特 Pasteur 的传。是我在上海病中看的。有些地方我看了，我竟哭了。

巴氏是一八七〇年普法战争时的人。法国打败了。德国的兵开到巴黎把皇帝捉了，城也占了，订城下之盟赔款五万万。这赔款比我们的庚子赔款还要多五分之一。又割亚尔撒斯、罗林两省地方与德国，你们看当时的文学，如像莫泊桑他们的著作，就可看出法国当时几乎亡国的惨象与悲哀。巴氏在这时业已很有名了。看见法人受种种虐待，向来打战没有被毁过科学院，这回却被毁了。他十分愤激，把德国波恩大学（Bonn）所给他的博士文凭都退还了德国，他并且作文章说："法兰西为什么会打败仗呢？那是由于法国没有人才。为什么法国没有人才呢，那是由于法国科学不行。"以前法国同德国所以未打败仗者，是由于那瓦西尔 Lauostes 一般科学家，有种种的发明足资应用。后来那瓦西尔他们被革命军杀死了、孟勒不 moner 将被杀之日，说："我的职务是在管理造枪，我只管枪之好坏，其他一概不问。"要科学帮助革命，革命才能成功。而这次法国竟打不胜一新造而未统一之德国，完全由于科学不进步。但二十年后，英人谓巴士特一人试验之成绩，足以还五万万赔款而有余。

巴氏试验的成绩很多，今天我举三件事来说：

第一，关于制酒的事。他研究发酵作用，以为一个东西不会无缘无故的起变化的。定有微生物在其中作怪。其他如人生疮腐烂，传染病也是因微生物的关系。法国南部出酒，但是酒坏损失甚大。巴氏细心研究，以为这酒之所以变坏，还是因其中有微生物。何以会有微生物来呢？他说有三种：一是有空气中来的，二是自器具上来的，三是从材料上来的。他要想避免和救济这种弊病，经了许多的试验，他发明把酒拿来煮到五十度至五十五度，则不至于坏了。可是当时没有人信他的。法国海军部管辖的兵舰开到外国去，需酒甚多，时间久了，老是喝酸酒。就想把巴氏的法子来试验一下，把酒煮到五十五度，过了十个月，煮过的酒，通通是好的，香味颜色，分外加浓。没有煮过的，全坏了。后来又载大量的煮过的酒到非洲去，也是不坏。于是法国每年之收入增加几万万。

第二，关于养蚕的事。法国蚕业每年的收入极大。但有一年起蚕子忽然发生瘟病，身上有椒斑点，损失甚大。巴氏遂去研究，研究的结果，没有什么病，是由于作蛹变蛾时生上了微生物的缘故。大家不相信。里昂曾开委员会讨论此事。巴氏寄甲乙丙丁数种蚕种与委员会，并一一注明，说某种有斑点，某种有微生虫，某种当全生，某种当全死。里昂在专门委员会研究试验，果然一一与巴氏之言相符。巴氏又想出种种简单的方法，使养蚕的都买显微镜来选择蚕种。不能置显微镜的可送种到公安局去，由公安局负替他们检查。这样一来法国的蚕业大为进步，收入骤增。

　　第三，关于畜牧的事。法国向来重农，畜牧很盛。十九世纪里头牛羊忽然得脾瘟病，不多几天，即都出黑血而死。全国损失牛羊不计其数。巴氏以为这一定是一种病菌传入牲畜身上的原故。遂竭力研究试验。从一八七七年到一八八一年都未找出来。当时又发生一种鸡瘟病。巴氏找出鸡瘟病的病菌，以之注入其他的鸡，则其他的鸡立得瘟病。但是这种病菌如果放置久了，则注入鸡身，就没有什么效验。他想这一定是氧气能够使病菌减少生殖的能力。并且继续研究把这病菌煮到四十二度与四十五度之间则不能生长。又如果把毒小一点的病菌注入牲畜身上，则以后遇着毒大病菌都不能为害了。因为身体内已经造成了抵抗力了。

　　当时很有一般学究先生们反对他，颇想使他丢一次脸，遂约集些人买了若干头牛若干头羊，请巴氏来试验。巴氏把一部分牛羊的身上注上毒小的病菌两次。第三次则全体注上有毒可以致死的病菌液。宣布凡注射三次者一个也不会死，凡只注射一次者，一个也不会活。这不啻与牛羊算命，当时很有些人笑他并且替他担忧。可是还没有到期，他的学生就写信告诉他，说他的话通通应验了,请他赶快来看。于是成千屡万的人看,来赞颂他,欢迎他,就是反对他的人亦登台宣言说十分相信他的说法。

这个发明使医学大有进步,使全世界前前后后的人都受其赐。这岂只替法还五万万的赔款?这真不能以数目计!

他辛辛苦苦的试验四年才把这个试验出来。谓其妻曰:"如果这不是法国人发明,我真会气死了。"

此人是我们的模范,这是救国。我们要知道既然在大学内做大学生,所做何事?希望我们的同学朋友注意,我们的责任是在研究学术以贡献于国家社会。

没有科学,打战、革命都是不行的!

少年中国之精神

胡 适

前番太炎先生，话里面说现在青年的四种弱点。都是很可使我们反省的。他的意思是要我们少年人：一、不要把事情看得太容易了；二、不要妄想凭借已成的势力；三、不要虚慕文明；四、不要好高骛远。这四条都是消极的忠告。我现在且从积极一方面提出几个观念，和各位同志商酌。

（一）少年中国的逻辑。逻辑即是思想、辩论、办事的方法：一般中国人现在最缺乏的就是一种正当的方法；因为方法缺乏，所以有下列的几种现象：（1）灵异鬼怪的迷信，如上海的盛德坛及各地的各种迷信；（2）谩骂无理的议论；（3）用诗云子曰作根据的议论；（4）把西洋古人当作无上真理的议论。还有一种平常人不很注意的怪状，我且称他为"目的热"，就是迷信一些空虚的大话，认为高尚的目的，全不问这种观念的意义究竟如何；今天有人说："我主张统一和平"，大家齐声喝采，就请他做内阁总理；明天又有人说："我主张和平统一"，大家又齐声叫好，就举他做大总统；此外还有什么"爱国"哪，"护法"哪，"孔教"哪，"卫道"哪……许多空虚的名词；意义不曾确定，也都有许多人随声附和，认为天经地义，这便是我所说的"目的热"。以上所说各种现象都是缺乏方法的表示。我们既然自认为"少年中国"，不可不有一种新方法；这种新方法，应该是科学的方法。

科学方法，不是我在这短促时间里所能详细讨论的，我且略说科学方法的要点：

第一，注重事实。科学方法是用事实作起点的，不要问孔子怎么说，柏拉图怎么说，康德怎么说；我们须要先从研究事实下手，凡游历调查统计等事都属于此项。

第二，注重假设。单研究事实，算不得科学方法；王阳明对着庭前的竹子做了七天的"格物"工夫，格不出什么道理来，反病倒了，这是笨伯的"格物"方法；科学家最重"假设"（Hypothesis）。观察事物之后，自然有几个假定的意思；我们应该把每一个假设所涵的意义彻底想出，看那意义是否可以解释所观察的事实？是否可以解决所遇的疑难？所以要博学；正是因为博学方才可以有许多假设，学问只是供给我们种种假设的来源。

第三，注重证实。许多假设之中，我们挑出一个，认为最合用的假设；但是这个假设是否真正合用？必须实地证明；有时候，证实是很容易的；有时候，必须用"试验"方才可以证实；证实了的假设，方可说是"真"的，方才可用；一切古人今人的主张、东哲西哲的学说，若不曾经过这一层证实的工夫，只可作为待证的假设，不配认作真理。

少年的中国，中国的少年，不可不时时刻刻保存这种科学的方法，实验的态度。

（二）少年中国的人生观。现在中国有几种人生观都是"少年中国"的仇敌：第一种是醉生梦死的无意识生活，固然不消说了；第二种是退缩的人生观，如静坐会的人，如坐禅学佛的人，都只是消极的缩头主义；这些人没有生活的胆子，不敢冒险，只求平安，所以变成一班退缩懦夫；第三种是野心的投机主义，这种人虽不退缩，但为完全自己的私利起见，所以他们不惜利用他人，作他们自己的器具，不惜牺牲别人的人格和自己的人格，来满足自己的野心；到了紧要关头，不惜作伪，不惜作恶，不顾社会的公共幸福，以求达他们自己的目的；这三种人生观都是我们该反对的。少年中国的人生观，依我个人看来，该有下列的几种要素：

第一，须有批评的精神。一切习惯、风俗、制度的改良，都起于一点批评的眼光；个人的行为和社会的习俗，都最容易陷入机械的习惯，到了"机械的习惯"的时代，样样事都不知不觉的做去，全不理会何以要这样做，只晓得人家都这样做故我也这样做；这样的个人便成了无意识的两脚机器，这样的社会便成了无生气的守旧社会，我们如果发愿要造成少年的中国，第一步便须有一种批评的精神；批评的精神不是别的，就是随时随地都要问我为什么要这样做？为什么不那样做？

第二，须有冒险进取的精神。我们须要认定这个世界是很危险的，是不太平的，是需要冒险的；世界的缺点很多，是要我们来补救的；世界的痛苦很多，是要我们来减少的；世界的危险很多，是要我们来冒险进取的。俗语说得好："成人不自在，自在不成人。"我们要做一个人，岂可贪图自在；我们要想造一个"少年的中国"，岂可不冒险；这个世界是给我们活动的大舞台，我们既上了台，便应该老着面皮，拼着头皮，大着胆子，干将起来；那些缩进后台去静坐的人都是懦夫，那些袖着双手只会看戏的人，也都是懦夫；这个世界岂是给我们静坐旁观的吗？那些厌恶这个世界梦想超生别的世界的人。更是懦夫，不用说了。

第三，须要有社会协进的观念。上条所说的冒险进取，并不是野心的，自私自利的；我们既认定这个世界是给我们活动的，又须认定人类的生活全是社会的生活，社会是有机的组织，全体影响个人，个人影响全体，社会的活动是互助的，你靠他帮忙，他靠你帮忙，我又靠你同他帮忙，你同他又靠我帮忙；你少说了一句话，我或者不是我现在的样子，我多尽了一份力，你或者也不是你现在这个样子，我和你多尽了一份力，或少做了一点事，社会的全体也许不是现在这个样子，这便是社会协进的观念。有这个观念，我们自然把人人都看作同力合作的伴侣，自然会尊重人人的人格了；有这个观念，我们自然觉得我们的一举一动都和社会有关，自然不肯为社会造恶因，自然要努力为社会种善果，自然不致变成自私自利的野心投机家了。

少年的中国，中国的少年，不可不时时刻刻保存这种批评的、冒险进取的、社会的人生观。

（三）少年中国的精神。少年中国的精神并不是别的，就是上文所说的逻辑和人生观。我且说一件故事做我这番谈话的结论：诸君读过英国史的，一定知道英国前世纪有一种宗教革新的运动，历史上称为"牛津运动"（The Oxford Movement），这种运动的几个领袖如客白尔（Keble）、纽曼（Newman）、福鲁德（Froude）诸人，痛恨英国国教的腐败，想大大的改革一番；这个运动未起事之先，这几位领袖做了一些宗教性的诗歌写在一个册子上，纽曼摘了一句荷马的诗题在册子上，那句诗是 You shall see the difference now that we are back again! 翻译出来即是："如今我们回来了，你们看便不同了！"

少年的中国，中国的少年；我们也该时时刻刻记着这句话：

如今我们回来了，你们看便不同了！

这便是少年中国的精神。

好政府主义

胡 适

刚才陈先生所说的介绍语,我有许多不敢当。但人类是总有点野心,总有些希望。打破空间时间的观念,确立一种世界观念;把学说主张,贡献到全世界,并于未来时代的人以共见:也许是人类应有的希望!又陈先生对于我的名字之解说,似乎可以说是"投机家",但是"投机",两个字,也可以作好的解释。从前人说:"英雄造时势,时势造英雄。"英雄与时势,二者迭相助长,如环无端。使无投机者,则时势无从变更起。使无相当的时势,虽有英雄,亦且无从新造起。惟少数人的主张,根据于大多数人的需要;而大多数人得着这种主张,可以得着结果,而使时势发生变迁。所以到了时机成熟,应时势的需要,而发生有意志的有目的的有公共利益的主张,必易得大众的承认,而见诸实行。这种主张,也许是一种投机。我知陈先生所希望的,必是这种投机!

我以为应时势的需要,而有所主张,最要的是要有简单明了,而且人人皆可以承认的目标;这种目标,就是我今天所讲的"好政府主义"。这"好政府"三字,是否救时的大家公认的目标,待我仔细说来。

好政府主义,假定的是有政府主义。政府之为物,有的说他好，有的说他坏。有两种说法，各走极端的：其一，以政府是天生的，神意的。如中国古代所说的"天降下民，作之君，作之师"；及西方古代有些学说，都是神权的政府观。这种政府观的变相，西方近代，仍然有的，而变其名曰"自然"。如德国混国家与政府而一之，不承认个人之自由，把天然的需要，说得神秘莫测似的。这是一种极端的学说。其二，以政府为有害无利，退一步言之，也说为利少而害多。谓政府是用不着的，须得自由组合，自由协商，以自由动作，代替强制。从前政府的强制力，常被军阀官吏滥用之以鱼肉小民，不如爽性的把他去掉，这是无政府主义派所说的。中国的老子，主张此说；西洋希腊到现代也有许多人倡此说的。这两种学说，好似南北二极；于这两极端之中，还有许多主张。我以为今年今日的民国，不谈政治则已；苟谈政治，便不能适用前两种极端的主张。极端的无政府主义，吾无以溢之，只溢之曰奢侈品；为其未完全根据于大多数人的需要故也。但需求也可分两面说：（1）心理的需求，（2）实际的需求。根据这两点，就可确定目标。所假定的这种目标，要足合于大众的心理社会的实际的需要；那么要做什么便做什么；不患政治社会无改良革新的希望了。今日的中国，不但无目标，并且无希望，即由缺少一种公共的目标。这种目标是平常的简明的有公共利益的老生常谈，就是好政府主义。

好政府主义，既不把政府看作神权的，亦不把政府看作绝对的有害无利的，只把政府看作工具，故亦谓之工具的政府观。

什么是工具？这里似乎用不着详细的解释。譬如纸与笔是写字的工具；就黑板上写字，则不用毛笔铅笔钢笔而另用粉笔，粉笔亦是工具的一种；用这种工具，可以达到目的。然而造工具前，谁欤？

从前有人说"人是善笑的动物"，这话殊不尽然。又有人说："人是有理性的动物"，这话，证之世上为恶的人，亦颇足使我们怀疑。惟现代法国哲学家柏格森说："人是造工具的动物"，这话是顶对的。其他动物，类皆不能创造工具。就是蜂蚁之勤于工作，也不能制造工具。惟人具有制造工具的天才。所造的工具，能适合于人们之运用。造房屋，用以蔽风雨；造桥梁，造铁路，用以利交通；造弓矢、刀剑、枪炮，用以驱猛兽而御外敌：这种种的制造，都不是其他动物所能做的。

但所说的工具，初不限于物质的工具；就是所造的语言，文字，文学，也无一不是工具；什么家庭制度，社会制度，以及国家的法律，也无一不是工具。政治是人类造出的工具之一种；政府亦是人类造出的工具之一种！

政府既是一种工具，而工具又是应需要而生的，那么政府之由来，我们也可以推知了。

政府何由而来呢？乃由人民的组织渐渐扩大而来。社会中有家族有乡党，凡团体中之利害，与个人的利害，小团体与小团体的利害，或大团体与其他大团体的利害，均不免时有冲突。这冲突委实不是个人所能了的。譬如两人相斗，纠结不解，世世复仇，冤冤相报；若单由他两人自行去了结，一定是办不好的；势必须有第三者作个公共机关去裁判他两面的是非曲直，才能够调解冲突。所以欲消弭个人与个人，小团体与小团体，或小团体与个人交互间的冲突，非有超于小团体及个人的公共机关不可——这是政府成立的要因。

前面说，政府是人造的一种工具，他的缘起，是为的大众的公共的需要。那么适应于公共的需要的，便是好政府了。

大抵一种工具，是应用的；以能够应用者为好。这种实用的学说，也有作工具主义的。这工具主义，就是好政府主义的基本观念。

政府是工具，必定要知道这种工具的用处与性质，才可以谈到应用。

政府是有组织的公共的权力。权力为力的一种，要做一事，必须有力；譬如电灯之明亮，是由于有力，鼓打得响，也是由于有力。可是这种有组织的公共的权力，与他种权力不同。假定无这种组织，无公共利益的权力，社会上必免不掉冲突。譬如从前北京的拉车的拉到车马辐辏的前门地方，常常有所谓"挡住道"的事情发生，必要等前等后，乃能走动。为什么这样的拥挤停滞呢？就因为没有公共的秩序，公共的组织，公共的规则。你看上海的浙江路与南京路之间，来往的人数车马，那样繁杂，但只有中国及印度之巡捕，手持不到五尺长的木棍，从容指挥，而两路来来往往的车，便不致拥挤；假使此棍无权力，亦何能指挥一切？惟其有了权力，只用一短小之棍，表示车的行止之使命；而可免掉时间的损失和事情的耽误。政府之权力，足以消解社会间所有的冲突，亦犹是也。

政治法律，把这种权力组织起来，造作公共的规矩——所谓礼法——以免去无谓的冲突，而可发生最大的效果，这是政府的特别性质。

但是在这些地方，不过想免去冲突，仍然是一种消极的作用；此外还有积极的作用。质言之，不独可免社会间的冲突，亦可促社会全体之进步。

因为人类有天然之惰性，往往狃故常，爱保守，毫无改革求进的志趣；如家庭之世守祖业者，就是这样。惟政府是指挥大众的公共机关，可使社会上的人减少惰力，而增加社会全体进步的速率；有些个人所不能为的事，一入政府手中，便有绝大的效果。

数年前曾主张白话，假如止是这样在野建议，不借政府的权力，去催促大众实行，那就必须一二十年之后，才能发生影响。即使政府中有一部分人，对于这件事，曾欲提倡，也仍然没有多大的效果。现在因为有一道部令，令小学校通同用白话文教授。这样一来，从前反对的人，近来也入国话传习所，变成赞成的了；从前表示赞成的，这时更高兴，更来实行起来了。论思以二三十字之一道好的命令（部命），而可以缩短二十年三十年的少数人鼓吹的工具之实施期间，政府权力之重要，为何如者！

再举禁鸦片烟一事为证，十余年以前的人，以鸦片为请客——甚至请贵客——之珍品；而今却不敢自己吃；从前认为阔绰的情事，而今认为犯法的行为：这亦不外政府权力所使然。自然，有些地方，鸦片还是横行；可是鸦片之所以横行，非有政府之过，乃无政府之过，无好政府之过。试思不好的政府，犹可使有那样的效果，假使有了好政府，鸦片岂有不全被禁绝的吗？

所以政府的组织及权力，如果用之得当，必能得着最大的效果；不但可免社会间交互的冲突，而且可促社会全体的进步。

综前所说：好政府主义有三个基本观念：

（1）人类是造工具的动物，政府是工具的一种。

（2）这种工具的特性，是有组织、有公共目的的权力。

（3）这种工具的效能，可促进社会全体的进步。

以下再说由工具主义的政府观中所得到的益处：

第一，可得到评判的标准。从上面所说的工具主义的政府观中，得着个批评政府的标准。以工具主义的政府观，来批评政府，觉得凡好工具都是应用的，政府完全是谋公共利益及幸福的一种工具；故凡能应公共的需要，谋公共的利益，做到公共的目的，就是好政府，不能为所应为，或为所不应为的，就是坏政府。

第二，可得到民治的原理。政府之为物，不是死板板的工具，是人作的，要防避他的妖怪；《西游记》中的妖怪，加害于唐僧的，如老君的扇子，青牛哪，童子哪，都是工具，只因为主人稍为大意，工具变成了妖怪，就能害人。我们做主人的人民，如果放任政府，不去好好的看守他，这种工具亦必会作怪的。所以在这一点上可得到民治主义的原理。政府这工具，原为我们大多数人民而设，使不善造善用，则受害群亦即在这些老主人。因为人类有劣根性，不可有无限的权力。有之，即好人亦会变坏。"一朝权在手，便把令来行"，免不掉滥用权力以图私利了。所以宜用民治主义去矫正他。虽把权力交给少数人，而老主人不能不常常的监督他，不可不常常的管束他。这是民治主义之浅者，其深义待一涵先生讲之。

第三，可得到革命的原理。刚才说的工具是应用的。不能应用时，便可改换；茶杯漏了换一个，衣服敝了换一件；政府坏了，可改一个好政府——这是浅显的革命原理。所以在工具主义的政府观之下，革命是极平常而且极需要的，并不是稀奇事。

上列三项，就是好政府主义的引申义。

复次，好政府主义的实行，至少须备有几个重要的条件。

（一）要觉悟政治的重要。大家须觉悟政治不好，什么事都不能办。例如教育事业，谁也相信是要紧的，而北京近年的学校，及武昌高师，因为政治不好，相继感受恶影响。且也政治不好，连实业也兴办不成：去年京汉京浦路上，打仗一礼拜，而中国煤矿业的商人竟损失了二百五十万之巨。今年武昌宜昌及其他惨遭兵祸的地方，乃至连小生意都做不成。所以好政府主义的实行，第一须有这种觉悟。

（二）要有公共的目标。有了觉悟，而灰心短气，不定下一个目标出来，也不成功。我们简单明了的，人人能懂的，人人承认的公共目标，就是"好政府"三字。如辛亥革命之目标是排满，其吃亏在此，其成功亦在此。凡研究尽可高深，预备不妨复杂，而目标则贵简要。故我以"好政府"三字为目标。有了公共的目标，然后便易于实行。

（三）要有好人的结合。有了觉悟，及有了目标，尤须有人组合起来，作公共的有组织的进行。厌世家每叹天下事不可为；我以为天下无不可为之事，只因为好人缩手说不可为，斯不可为矣。故好人须起而进行；从事于公共的有组织有目标的运动。这是谋好政府的实行所必备的第三个重要条件。

三个条件，是必须完全具备而不可缺一的。

诸君！我今天所讲的好政府主义，是平常的简单的浅显的老生常谈；然要知道必得此种老生常谈实现之后，中国乃能有救！

陈独秀与文学革命

胡 适

今天我要讲的题目是"陈独秀与文学革命",这本来是国文系同学研究的材料,想不到报纸上登出去,变成公开的了。陈先生与文学革命的关系,是很有讨论的必要的一个问题,在民国六年,大家办《新青年》的时候,本有一个理想,就是二十年不谈政治,二十年离开政治,而从教育思想文化等等,非政治的因子上建设政治基础。但是不容易做得到,因为我们虽抱定不谈政治的主张,政治却逼得我们不得不去谈它。民国六年第二学期陈先生来到北大,七年陈先生和李大钊先生因为要谈政治,另外办了一个《每周评论》。我也不曾批评它,他们问我要稿子,我记得我只送了两篇短篇小说的译稿去。民国八年,"五四"以后,有一天陈先生在新世界(香厂)散传单,因为前几天在报纸上看见陈先生的口供,说他自己因为反动,前后被捕三次,在此地被捕一次,就是因为在香厂散传单。那时候高一涵先生和我都在内,大家印好传单,内容一共六条,大概因为学生被拘问题。有一条是要求政府免去卫戍司令王怀庆的职,惩办曹章陆三人……到了十一点钟回家,我和高先生在洋车上一边谈,看见有没关门的铺子,我们又要给他一张。我还记得那时是六月天气正热,我们夜深还在谈话,忽然报馆来电话,说东京大罢工,我们高兴极了;

但一会又有电话，说自你们走后，陈先生在香厂被捕了，他是为了这种（件）事被捕，然而报上却载着他是反动！这是反动，那么现在的革命是不是反动？"反动"抹杀了许多事实，他怎么能算是反动？

今天这个题目，说起来有很多不方便的地方，因为我们既是同事，而且主张也颇相同。在民国十二年，上海出版了一部《科学与人生观论集》。那时陈先生已经同我们分别到上海了。这部二十万字的集子，我做了一篇序，陈先生也写了一篇，他极力反驳我，质问我，陈先生那时已转到马克思主义那方面去了。他问我所说马克思的唯物史观可以解释大多数的话，能否再进一步，承认它能解释一切。他说白话文也是因为产业发达，人口集中，才产生出来的，他说："常有人说白话文的局面是胡适之陈独秀一般人闹出来的，其实这是我们的不虞之誉，中国近来产业发达，人口集中，白话文完全是应这个需要而发生而存在的；适之等若在十三年前提倡白话文，只需章行严一篇文章便驳得烟消灰灭，此时章行严的崇论宏议有谁肯听？"他是注重经济的条件的，我也没有反驳他，因为他不否认人的努力，两个人的主张不算冲突，不过客观的条件虽然重要，但不仅限于经济一个条件，至于文化的条件，政治的条件，也是不能否认的。

陈先生与新文学运动有三点是很重要的背景。

一、他有充分的文学训练，对于旧文学很有根底，苏曼殊、章行严的小说文章，他都要做个序子，这是散文方面的成绩。说到诗他是学宋诗的，在《甲寅》杂志他发表过许多作品，署名"独秀山民"、"陈仲"、"陈仲子"，他的诗有很大胆的变化，其中有一首《哭亡兄》，可说是完全白话的，是一种新的创造。他更崇拜小说，他说曹雪芹、施耐庵的《红楼梦》、《水浒传》比较归有光、姚姬传的古文要高明的多，在那时说这种大胆的话，大家都惊异得很，这可见他早就了解白话文的重要，他最佩服马东篱的元曲，说他是中国的 Shakespeare。

二、他受法国文化的影响很大，他的英文、法文都可以看书，我记得《青年杂志》（即后来的《新青年》）上，他做过一篇《法兰西人与近代文明》，表示他极端崇拜法国的文化，他说法国人发明了三个大东西，第一是人权说（Rights of men），在1789年法人 Lafayette 做《人权宣言》（La declaration des droits de I'homme），美国的《独立宣言》也是他做的。第二是生物进化论，法人 Lamarck 在1809年做《动物哲学》，其后五十年才有达尔文出来。第三是有三个法国人 Babeuf，Saint-Simon，Fourier，是马克思的先声，首开社会主义的风气。但另外还有一点，陈先生没有说到，就是新文学运动，其实陈先生受自然主义的影响最大。看他一篇《欧洲文艺谈》把法国文学艺术的变化分成几个时期：（一）从古典主义到理想主义（即浪漫主义）；（二）从浪漫主义到写实主义；（三）从写实主义到自然主义，把法国文学上各种主义详细地介绍到中国，陈先生算是最早的一个，以后引起大家对各种主义的许多讨论。

三、陈先生是一位革命家，那时我们许多青年人在美国留学，暇时就讨论文学的问题，时常打笔墨官司。但我们只谈文学，不谈革命，但陈先生已经参加政治革命，实行家庭革命，他家是所谓大世家，但因恋爱问题及其他问题同家庭脱离了关系，甚至他父亲要告他，有一次他到北京，他家开的一所大铺子的掌柜听说小东人来了，请他到铺子去一趟，赏个面子，但他却说

"铺子不是我的"，可见他的精神。在袁世凯要实现帝制时，陈先生知道政治革命失败是因为没有文化思想这些革命，他就参加伦理革命、宗教革命、道德的革命，在《新青年》上有许多基本革命的信条：（一）自主的不是奴隶的；（二）进步的不是保守的；（三）进取的不是退隐的；（四）世界的不是锁国的；（五）实利的不是虚文的；（六）科学的不是想像的。这是根本改革的策略。民国五年袁世凯死了，他说新时代到了，自有史以来，各种罪恶耻羞都不能洗尽，然而新时代到了，他这种革命的精神，与我们留学生的消极的态度，相差不知多少。他那时所主张的不仅是政治革命，而是道德艺术一切文化的革命！

民国四年《甲寅》杂志最后一期有两篇东西，一篇是《学校国文教材之商榷》，反对用唐宋八家的文章做材料，要选更古的文章，汉魏六朝的东西做教材，这是一趋势；又一篇是《通讯》，名记者黄远庸写的（他后来在美国旧金山被暗杀了），他说："愚见以为后今论政，实不知从何处起说，洪范九畴，亦只能明夷待访，……至根本救济，远意当从提倡新文学入手，综之，当使吾辈思潮，如何能与现代思潮接触，而促其猛省。而其要义，须与一般之人，生出交涉，法须以浅近文艺，普遍四周，……"章士钊说文学革命须从政治下手，此又一潮流。但陈先生却恭维自然主义，尤其是左拉（Zola）。有一个张永言写一封信给他，引起他对文学兴味，引起我与陈先生通讯的兴味，他说现在是古典到浪漫主义的时期，但应当走到写实主义那方面去，不过我同时看到《新青年》第三号上，有一篇谢无量的律诗《寄会稽山人八十四韵》，后面有陈先生一个跋："文学者，国民最高精神之表现也，国民此种精神委顿久矣，谢君此作，深文余味，希世之音也。子云相如雨后，仅见斯篇，虽工部亦只有此工力，无比佳丽，谢君自谓天下文章尽在蜀中，非夸矣，吾国人伟大精神，犹未丧失也欤？于此征之。"他这样恭维他，但他平日的主张又是那样，岂不是大相矛盾？我写了封信质问他，他也承认他矛盾，我当时提出了八不主义，就是《文学改良刍议》，登在《新青年》上，陈先生写了一个跋。

他想到文学改革，但未想到如何改革，后来他知道工具解放了就可产生新文学，他做了一篇《文学革命论》，我的诗集叫《尝试》，刊物叫《努力》；他的刊物叫《向导》，这篇文章又是《文学革命论》，他的精神于此可见。他这篇文章有可注意的两点：（一）改我的主张进而为文学革命；（二）成为由北京大学学长领导，成了全国的东西，成了一个严重的问题。他说庄严灿烂的欧洲是从革命来的，他高张文学革命军大旗，为中国文学辟一个新局面，他有三大主义：（1）推倒雕琢的阿谀的贵族文学，建设平易的抒情的国民文学；（2）推倒陈腐的铺张的古典文学，建设新鲜的立诚的写实文学；（2）推倒过晦的艰涩的山林文学，建设明了通俗的社会文学，他愿意拖了四十二生的大炮为之前驱，打倒十八妖魔：明之前后七子和归、方、姚、刘！这就是变成整个思想革命！

最后，归纳起来说，他对于文学革命有三个大贡献：

一、由我们的玩意儿变成了文学革命，变成三大主义。

二、由他才把伦理道德政治的革命与文学合成一个大运动。

三、由他一往直前的精神，使得文学革命有了很大的收获。

其他关于陈先生的事，可以看《独立评论》第二十四期傅斯年的《陈独秀案》。

玄学与科学

丁文江

丁文江（1887~1936），字在君，笔名宗淹，江苏泰兴人。地质学家、地质教育家。先后参与创办地质研究所、地质调查所、北大地质系、中国地质学会等机构，组织并参与过数次大规模的地质考察活动，是中国近代地质学和古生物的开创人和奠基人之一。

人生观能否同科学分家？

我们且看他主张人生观不受科学方法支配的理由。他说："诸君久读教科书，必以为天下事皆有公例，皆为因果律所支配。实则使诸君闭目一思，则知大多数之问题，必不若是之明确。……甲一说，乙一说。漫无是非真伪之标准。此何物欤？曰，是为人生。同为人生，因彼此观察点不同而意见各异，故天下古今之最不统一者莫若人生观。"

然则张君劢的理由是人生观"天下古今最不统一"，所以科学方法不能适用。但是人生观现在没有统一是一件事，永久不能统一又是一件事。除非你能提出事实理由来证明他是永远不能统一的，我们总有求他统一的义务。何况现在"无是非真伪之标准"，安见得就是无是非真伪之一可求？不求是非真伪，又从哪里来的标准？要求是非真伪，除去科学方法，还有什么方法？

我们所谓科学方法，不外将世界上的事实分起类来，求他们的秩序。等到分类秩序弄明白了，我们再想出一句最简单明白的话来，概括这许多事实，这叫做科学的公例。事实复杂的当然不容易分类，不容易求他的秩序，不容易找一个概括的公例，然而科学方法并不因此而不适用，不过若是所谓事实，并不是真的事实，自然求不出什么秩序公例。譬如普通人看见的颜色是事实，色盲的人所见的颜色就不是事实。我们当然不能拿色盲人所见的颜色，同普通人所谓颜色混合在一块来，求他们的公例。况且科学的公例，惟有懂得科学的人方能了解。若是你请中国医生拿他的阴阳五行，或是欧洲中古的医生拿他的天神妖怪，同科学的医生来辩论，医学的观念，如何能得统一？难道我们就可以说医学是古今中外不统一，无是非真伪之标准，科学方法不能适用吗？玄学家先存了一个成见，说科学方法不能适用于人生观；世界上的玄学家一天没有死完，自然一天人生观不能统一。但这岂是科学方法的过失吗？

张君劢做的一个表，列举九样我与非我的关系，但是非我的范围，岂是如此狭的？岂是九件可以包括得了的？我们可以照样加几条：

（十）就我对于天象之观念……{ 星占学 / 天文学 }

（十一）就我对于物种之由来……{ 上帝造种论 / 天演论 }

再加上（十二）（十三）以至于无穷，为什么单举他所列的九项？试问有神论等观念的取舍，与我所举的（十）（十一）两条，是否有绝大关系？照论理极端起来，凡我的观念无一不可包括在人生观之中。假若人生观真是出乎科学方法之外，一切科学岂不是都可以废除了？

张君劢也似乎觉得这样列举有点困难，所以他加以说明："人生为活的，故不如死物质之易以一律相绳也。"试问活的单是人吗？动植物难道都是死的？何以又有什么动植物学？再看他下文拿主观客观来分别人生观同科学：

"物质科学之客观致力最为圆满；至于精神科学次之。譬如生计学中之大问题英国派以自由贸易为利，德国派以保护贸易为利，则双方之是非不易解决矣。心理学上之大问题，甲曰知识起于感觉，乙曰知识以范畴为基础，则双方之是非不易解决矣。然即以精神科学论，就一般现象而求其平均数，则亦未尝无公例可求，故不失为客观也。"

诸君试拿张君劢自己的表式来列起来：

（十二）就我与我之贸易关系……自由贸易／保护贸易

（十三）就我与我之知识起源……感觉主义／范畴主义

试问我的（十二）（十三）与他的（一）至（九）有什么根本的分别？为什么前二者"不失为客观"，而大家族主义小家族主义等等一定是主观的？

学生物学的人谁不知道性善性恶，和达尔文的生存竞争论，同是科学问题，而且是已经解决的问题？但是他说他是主观的，是人生观，绝不能施以一种试验，以证甲之是与乙之非！只看他没有法子把人生观同科学真正分家，就知道他们本来是同气连枝的了。

科学的智识论

不但是人生观同科学的界限分不开，就是他所说的物质科学同精神科学的分别也不是真能成立的。要说明这一点，不得不请读者同我研究研究知识论。我们所谓物，所谓质，是从何而知道的？我坐在这里，看着我面前的书柜子。我晓得他是长方的，中间空的、黄漆漆的、木头做的、很坚很重的。我视官所触的是书柜子颜色、形式，但是我联想到木头同漆的性质，推论到他的重量硬度，成功我书柜子的概念。然则这种概念，是觉观所感触，加了联想推论，而所谓联想推论，又是以前觉观所感触的经验得来的，所以觉官感触是我们晓得物质的根本。我们所以能推论其他可参感触觉官的物质，是因为我们记得以前的经验。我们之所谓物质，大多数是许多记存的觉观感触，加了一点直接觉官感触。假如我们的觉观的组织另外一个样子的，我们所谓物质一定也随之而变——譬如在色盲的人眼睛里头蔷薇花是绿的。所以冒根（Morgan）在他的《动物生活与聪明》（Animal life and Intelligence）那部书里边叫外界的物体为"思构"（Construct）。

什么叫做觉官的感触？我拿刀子削铅笔，误削了左手指头，连忙拿右手指去压住他，站起来去找刀创药。我何以知道手指被削呢？是我的觉神经系从左手指通信到我脑经。我的动神经系，又从脑经发令于右手，教他去压住。这是一种紧急的命令，接到信立刻就发的，生理上所谓无意的举动。发过这道命令以后，要经过很复杂的手续,才去找刀创药上,我晓得手指的痛是刀割的,刀割的最好是用刀创药,我家里的药是在小柜子抽屉里面——这种手续是思想,结果的举动是有意的。手指的感觉痛,同上刀创药,初看起来,是两种了。仔细研究起来,都是觉观感触的结果。前者是直接的,后者是间接的,是为以前的觉官司感触所管束的。在思想的期间,我觉得经过的许多手续,这叫做自觉。自觉的程度,是靠以前的觉官感触的多寡性质,同脑经记忆他的能力。

然则无论思想如何复杂,总不外乎觉官的感触——直接的是思想的动机,间接是思想的原质。但是受过训练的脑经,能从甲种的感触经验到乙种,分析他们,从直接的知觉,走到间接的概念。

我的觉官受了感触,往往经过一个思想的期间,然后动神经系才传命令出去,所以我说我有自觉,旁人有没有自觉呢?我不能直接感触他有,并且不能直接证明他有,我只能推论他有。我不能拿自己的自觉来感触自己的自觉,又不能直接感触人家的自觉,所以研究自觉的真相是很困难。玄学家都说,自觉的研究是在科学范围之外,但是我看见人家受了觉官的感也往往经过一个期间,方才举动。我从我的自觉现象推论起来,说旁人也有自觉,是与科学方法不违背的。科学中这样的推论甚多。譬如理化学者说有原子,但是他们何尝能用觉观去感触原子?又如科学说假如我们走到其他的星球上面,苹果也是要向下落;这也不是可以用觉观感触的。所以心理上的内容至为丰富,并不限于同时的直接感触,和可以直接感触的东西——这种心理上的内容都是科学的材料。我们所晓得的物质,本不过是心理上的觉观感触,由知觉而成概念，由概念而生推论。科学所研究的不外乎这种概念同推论，有什么精神科学、物质科学的分别？又如何可以说纯粹心理上的现象不受科学方法的支配？

科学既然以心理上的现象为内容，对于概念、推论，不能不有严格的审查。这种审查方法是根据两条很重要的原则：

（一）凡常人心理的内容，其性质都是相同的。心理上联想的能力，第一是看一个人觉观感触的经验，第二是他脑经思想力的强弱。换言之就是一个人的环境同遗传。我的环境同遗传，无论同什么人都不一样，但如果我不是一个反常的人——反常的人我们叫他为疯子或痴子——我的思想的工具是同常人的一类的机器。机器的效能虽然不一样，性质却是相同。觉观的感触相同，所以物质的"思构"相同，知觉概念推论的手续无不相同，科学的真相，才能为人所公认。否则我觉得书柜子是硬的，你觉得是软的，我看他是长方的，你看他是圆的，我说二加二是四，你说是六，还有什么科学方法可言？

（二）上边所说的，并不是否认创造的天才、先觉的豪杰。天才豪杰是人类进化的大原动力。人人看见苹果从树上向下落，惟有牛顿才发明重心吸力；许多人知道罗任治的公式，惟有爱因斯坦才发明相对论；人人都看《红楼梦》、《西游记》，胡适之才拿来做白话文学的教材；科学发明上这种例不知道多少。但是天才豪杰，同常人的分别，是快慢的火车，不是人力车同飞机。因为我们能承认他们是天才，是豪杰，正是因为他们的知觉概念推论的方法完全与我们相同。不然，我们安晓得自命为天才豪杰的人，不是反常，不是疯子？

根据这两条原则，我们来审查概念推论：

第一，凡概念推论或是自相矛盾，科学不承认他是真的。

第二，凡概念不能从不反常的人的知觉推断出来的，科学不承认他是真的。

第三，凡推论不能使寻常有论理训练的人依了所根据的概念，也能得同样的推论，科学不承认是真的。

我们审查推论，加了"有论理训练"几个字的资格，因为推论是最容易错误的。没有论理的训练，很容易以伪为真。杰文斯（Jevons）的《科学原则》（Principles Science）讲得最详细。我为篇幅所限，不能详述，读者可以求之于原书。

我单举一件极普通的错误，请读者注意。就是所谓证据责任问题。许多假设的事实，不能证明他有，也不能证明他无，但是我们决不因为不能反证他，就承认是真的。因为提出这种事实来的人，有证明他有的义务。他不能证明，他的官司就输了。譬如有一个人说他白日能看见鬼——这是他的自觉，我们不能证明他看不见鬼，然而证明的责任是在他，不在我们。况且常人都是看不见鬼的，所以我们说他不是说谎，就是有神经病。

以上所讲的是一种浅近的科学知识论。用哲学的名词讲起来，可以说是存疑的唯心论（Skeptical idealisn）。凡研究过哲学问题的科学家如赫胥黎、达尔文、斯宾塞、詹姆士（W. James）、皮尔生（Karl Pearson）、杜威，以及德国马哈（Mach）派的哲学，细节虽有不同，大体无不如此。因为他们以觉观感触为我们知道物体惟一的方法，物体的概念为心理上的现象，所以说是唯心。觉官感触的外界，自觉的后面，有没有物，物体本质是什么东西；他们都认为不知，应该存而不论，所以说是存疑。他们是玄学家最大的敌人，因为玄学家吃饭的家伙，就是存疑唯心论者所认为不可知的、存而不论的、离心理而独立的本体。这种不可思议的东西，贝克莱（Berkeley）叫他为上帝；康德、叔本华叫他为意向；比希纳（Buchner）叫他为物质，克利福德（Clifford）叫他为心理质，张君劢叫他为我。他们始终没有大家公认的定义方法，各有各的神秘，而同是强不知以为知。旁人说他模糊，他自己却以为玄妙。

我们可以拿一个譬喻来，说明他们的地位。我们的神经系就譬如一组的电话。脑经是一种很有权力的接线生，觉神经是叫电话的线，动神经是答电话的线。假如接线生是永远封锁在电话总局里面，不许出来同叫电话答电话的人见面，接线生对于他这班主顾，除去听他们在电话上说话以外，有什么法子可以研究他们？存疑唯心论都说，人之不能直接知道物的本体，就同这种接线生一样：弄来弄去，人不能跳出神经系的圈子，觉官感触的范围，正如这种接线生不能出电话室的圈子，叫电话的范围。玄学家偏要叫这种电话生说，他有法子可以晓得打电话的人是什么样子，穿的甚么衣服。岂不是骗人？

张君劢的人生观与科学

读者如果不觉得我上边所讲的知识论讨厌，细细研究一遍，再看张君劢的《人生观》下半篇，就知道他为什么一无是处的了。他说人生观不为论理方法所支配，科学回答他，凡不可以用论理学批评研究的，不是真知识。他说"纯粹之心理现象"在因果律之例外；科学回答他，科学的材料原都是心理的现象，若是你所说的现象是真的，决逃不出科学的范围。他再三的注重个性，注重直觉，但是他把个性直觉放逐于论理方法定义之外。科学未尝不注重个性直觉，但是科学所承认的个性直觉，是"根据于经验的暗示，从活经验中里涌出来的"。（参胡适之《五十年世界之哲学》）他说人生观是综合的，"全体也，不容于分割中求之也"。科学答他说，我们不承认这样混沌未开的东西，况且你自己讲我与非我，列了九条，就是在那里分析他。他说人生观问题之解决，"决非科学所能为力"，科学答他说，凡是心理的内容，真的概念推论，无一不是科学的材料。

关于最后这个问题，是科学与玄学最重要的争点，我还要引申几句。

科学与玄学战争的历史

玄学（Metaphysics）这个名词，是篡辑亚里士多德遗书的安德龙聂克士（Andronicus）造出来的。亚里士多德本来当他为根本哲学（First philosophy）或是神学（Theology），包括天帝、宇宙、人生种种观念在内，所以广义的玄学在中世纪始终没有同神学分家。到了十七世纪天文学的祖宗伽利略（Galileo）发明地球行动的时候，玄学的代表是罗马教的神学家。他们再三向伽利略说，宇宙问题，不是科学的范围，非科学所能解决的，伽利略不听。他们就于一千六百三十三年六月二十二日开主教大会，正式宣言道：

"说地球不是宇宙中心，非静而动，而且每日旋转，照哲学上神学讲起来，都是虚伪的……"

无奈真是真，伪是伪；真理既然发明，玄学家也没有法子。

从此向来属于玄学的宇宙就被科学抢去。但是玄学家总说科学研究的是死的，活的东西不能以一例相绳（与张君劢一鼻孔出气）。无奈达尔文不知趣，又做了一部《物种由来》（读者注意，张君劢把达尔文的生存竞争论归入他的人生观！），证明活的东西也有公例。虽然当日玄学家的忿怒不减于十七世纪攻击伽利略的主教，真理究竟战胜，生物学又变做科学了。到了十九世纪的下半期连玄学家当做看家狗的心理学，也宣告了独立。玄学于是从根本哲学，退避到本体论（Ontology）。他还不知悔过，依然向哲学摆他的架子，说"自觉你不能研究，觉观感触以外的本体，你不能研究。你是形而下，我是形而上；你是死的，我是活的"。科学不屑得同他争口舌：知道在知识界内，科学方法是万能，不怕玄学终久不投降。

中外合璧式的玄学及其流毒

读者诸君看看这段历史，就相信我说玄学附在张君劢身上，不是冤枉他的了。况且张君劢的人生观，一部分是从玄学大家柏格森化出来的。对于伯格森哲学的评论，读者可以看胡适之的《五十年来世界之哲学》。他的态度很是公允，然而他也说他是"盲目冲动"。罗素在北京的时候，听说有人要请柏格森到中国来演讲，即对我说，"我很奇怪你们为什么要请柏格森，他的盛名是骗巴黎时髦妇人得来的。他对于哲学可谓毫无贡献，同行的人都很看不起他。"

然而平心而论，柏格森的主张，也没有张君劢这样鲁莽。我们细看他说"良心之自动"，又说"自孔孟以至于宋元明之理学家，侧重内心生活之修养，其结果为精神文明"。可见得西洋的玄学鬼到了中国，又联合了陆象山、王阳明、陈白沙高谈心性的一班朋友魂灵，一齐钻进张君劢的"我"里面。无怪他的人生观，是玄而又玄的了。

　　玄学家单讲他的本体论，我们决不肯荒废我们宝贵的光阴来攻击他。但是一班的青年上了他的当，对于宗教、社会、政治、道德一切问题真以为不受论理方法支配，真正没有是非真伪；只须拿他所谓主观的、综合的、自由意志的人生观来解决他。果然如此。我们的社会是要成一种什么社会？果然如此，书也不必读，学也不必求，知识经验都是无用，只要以"自身良心之所命，起而主张之"，因为人生观"皆起于良心之自动，而决非有使之然者也。"读书、求学、知识、经历，岂不都是枉费功夫？况且所有一切问题，都没有讨论之余地——讨论都要用论理的公例，都要有定义方法，都是张君劢人生观所不承认的。假如张献忠这种妖孽，忽然显起魂来，对我们说，他的杀人主义，是以"我自身良心之所命，起而主张之，以为天下后世表率"，我们也只好当他是叔本华、马克斯一类型的大人物，是"一部长夜漫漫的历史中秉烛以导吾人之先路者"；这还从何说起？况且人各有各的良心，又何必有人来"秉烛"，来做"表率"，人人可以拿他的不讲理的人生观来"起而主张之"，安见得孔子、释迦、墨子、耶稣的人生观比他的要高明？何况是非真伪是无标准的呢？一个人的人生观当然不妨矛盾，一面可以主张男女平等，一面可以实行一夫多妻。只要他说是"良心之自动"，何必管什么论理不论理？他是否是良心之自动，旁人也当然不能去过问他。这种社会可以一日居吗？

对于科学的误解

这种不可通的议论的来历，一半由于迷信玄学，一半还由于误解科学，以为科学是物质的、机械的。欧洲的文化是"物质文化"。欧战以后工商业要破产，所以科学是"务外逐物"。我再来引一引张君劢的原文："所谓精神与物质者：科学之为用，专注于向外，其结果则试验室与工厂遍国中也。朝作夕辍，人生为机械然，精神上之慰安所在，则不可得而知也。我国科学未发达，工业尤落人后，故国中有以开纱厂设铁厂创航业公司自任，如张季直、聂云台之流，则国人相率而崇拜之。抑知一国偏重工商，是否为正当之人生观，是否为正当之文化，在欧洲人观之，已成大疑问矣。欧战终后，有结算二三百年之总账者，对于物质文明，不胜务外逐物之感。厌恶之论已屡见不一见矣……"

这种误解在中国现在很时髦，很流行。因为他的关系太重要，我还要请读者再耐心听我解释解释。我们已经讲过，科学的材料是所有人类心理的内容，凡是真的概念推论，科学都可以研究，都要求研究。科学的目的是要屏除个人主观的成见——人生观最大的障碍——求人人所能共认的真理。科学的方法，是辨别事实的真伪，把真事实取出来详细的分类，然后求他们的秩序关系，想一种最单简明了的话来概括他。所以科学的万能，科学的普遍，科学的贯通，不在他的材料，在他的方法。爱因斯坦谈相对论是科学，詹姆士讲心理学是科学，梁任公讲历史研究法，胡适之讲《红楼梦》也是科学。张君劢说科学是"向外"的，如何能讲得通？

科学不但无所谓向外，而且是教育同修养最好的工具，因为天天求真理，时时想破除成见，不但使学科学的人有求真理的能力，而且有爱真理的诚心。无论遇见什么事，都能平心静气去分析研究，从复杂中求单简，从紊乱中求秩序；拿论理来训练他的意想，而意想力愈增；用经验来指示他的直觉，而直觉力愈活。了然于宇宙生物心理种种关系，才能够真知道生活的乐趣。这种"活泼泼地"心境，只有拿望远镜仰察天空的虚漠，用显微镜俯视过生物的幽微的人，方能参领得透彻，又岂是枯坐谈禅、妄言玄理的人所能梦见。诸君只要拿我所举的科学家如达尔文、斯宾塞、赫胥黎、詹姆士、皮尔生的人格来同什么叔本华、尼采比一比，就知道科学教育对于人格影响的重要了。又何况近年来生物学上对于遗传性的发现，解决了数千年来性善性恶的聚讼，使我们恍然大悟，知道根本改良人种的方法，其有功于人类的前途，正未可限量呢？

　　工业发达当然是科学昌明的结果之一，然而试验室同工厂绝对是两件事——张君劢无故的把他们混在一起——试验室是求真理的所在，工厂是发财的机关。工业的利害，本来是很复杂的，非一言所能尽；然而使人类能利用自然界生财的是科学家；建筑工厂，招募工人，实行发财的，何尝是科学家？欧美的大实业家大半是我们的督军巡阅使，出身微贱，没有科学知识的人。试问科学家有几个发大财的？张君劢拿张季直、聂云台来代表中国科学的发展，无论科学未必承认，张聂二君自己也未必承认。

欧洲文化破产的责任

至于东西洋的文化,也决不是所谓物质文明、精神文明,这种笼统的名词所能概括的。这是一个很复杂的问题,我没有功夫细讲。读者可以看四月份《读书杂志》胡适之批评梁漱溟"东西文化"那篇文章。我所不得不主的是欧洲文化纵然是破产(目前并无此事),科学绝对不负这种责任,因为破产的大原因是国际战争。对于战争应该负责的人是政治家同教育家。这两种人多数仍然是不科学的。这一段历史,中国人了解的极少,我们不能不详细的说明一番。

欧洲原来是基督教的天下。中世纪时代,神学万能。文学复兴以后又加入许多希腊的哲学同神学相混合。十七十八两世纪的科学发明,都经神学派的人极端反对。伽利略的受辱,狄卡儿的受惊,都是最显明的事实。伽利略的天文学说,为罗马教所严禁,一直到了十九世纪之初方才解放。就是十九世纪之初高等学校的教育依然在神学家手里;其所谓科学教育,除去了算学同所谓自然哲学(物理)以外,可算一无所有。在英国要学科学的人,不是自修,就是学医。如达尔文,赫胥黎都是医学生。学医的机关,不在牛津,圜桥两个大学,却在伦敦同爱丁堡。一直到了《物种由来》出版,斯宾塞同赫胥黎极力鼓吹科学教育,维多利亚女皇的丈夫亚尔巴特王改革大学教育,在伦敦设科学博物馆、科学院、矿学院,伦敦才有高等教育的机关;化学、地质学、生物学才逐渐的侵入大学,然而中学的科学依然缺乏。故至今英国大学的入学试验,没有物理化学。在几个最有势力的中学里面，天然科学都是选科，设备也是很不完备。有天才的子弟，在中学的教育，几乎全是拉丁、希腊文字，同粗浅的算学。入了大学以后，若不是改入理科，就终身同科学告辞了。这种怪状一直到二十年前的作者到英国留学的时代，还没有变更。

英国学法律的人在政治上社会上最有势力。然而这一班人，受的都是旧教育；对于科学，都存了敬而远之的观念，所以极力反对达尔文至死不变的，就是大政治家首相格兰斯顿。提倡科学教育最有势力的是赫胥黎。公立的中学同新立的大学加入一点科学，他的功劳最大，然而他因为帮了达尔文打仗，为科学做宣传事业，就没有功夫再对于动物学有所贡献。学科学的人，一方面崇拜他，一方面都以他为戒，不肯荒了自己的功课。所以为科学做冲锋的人，反一天少一天了。到了二十世纪，科学同神学的战争，可算告一段落。学科学的人，地位比五十年前高了许多；各人分头用功，不肯再做宣传的努力。神学家也改头换面，不敢公然反对科学，然而这种休战的和约，好像去年奉直山海关和约一样，仍然是科学吃亏，因为教育界的地盘，都在神学人手里。全国有名的中学的校长，无一不是教士；就是牛津、圜桥两处的分院院长，十个有九个是教士。从这种学校出来的学生，在社会上政治上势力最大，而最与科学隔膜。格兰斯顿的攻击达尔文，我已经提过了。近来做过首相外相的巴尔福很可以做这一派人的代表。他著的一部书叫《信仰的根本》（The Foundation of Belief）依然是反对科学的。社会上的人，对于直接有用的科学，或是可以供工业界利用的科目，还肯提倡，还肯花钱；真正科学的精神，他依然没有了解，处世立身，还是变相的基督教。这种情形，不但英国如此，大陆各国同美国亦大抵如此。一方面政治的势力都在学法律的人手里，一方面教育的机关脱不了宗教的臭味。在德法两国都有新派的玄学家出来，宣传他们的非科学主义，间接给神学做辩护人。德国浪漫派的海格尔的嫡派，变成忠君卫道的守旧党。法国的柏格森拿直觉来抵制知识。都是间接直接反对科学的人。他们对于普通人的影响虽然比较小，对于握政治教育大权的人，却很有伟大的势力。我们只要想欧美做国务员、总理、总统的从来没有学过科学的人，就知道科学的影响始终没有直接侵入政治了。不但如此，做过美国国务卿、候补大总统的白赖安（Bryan）至今还要提倡禁止传布达尔文学说。一千九百二十一年伦敦举行优生学家嘉尔登的纪念讲演，改造部总长纪载士（Gedds）做名誉主席的时候居然说科学知识不适用于政治。他们这班人的心理，很像我们的张之洞，要以玄学为体，科学为用。他们不敢扫除科学，因为工业要利用他，但是天天在那里防范科学，不要侵入他们的饭碗界里面来。所以欧美的工业，虽然是利用科学的发明，他们的政治社会，却绝对的缺乏科学精神。这和前清的经师尽管承认阎百诗推翻了伪古文《尚书》，然而科场考试仍旧有伪《尚书》在内，是一样的道理。人生观不能统一也是为此，战争不能废止也是为此。欧战没有发生的前几年，安基尔（Norman Angell）做一部书，叫做《大幻想》（The Great Illusion），用科学方法，研究战争与经济的关系，详细证明战争的结果，战胜国也是一样的破产，苦口的反对战争。当时欧洲的政治家没有不笑他迂腐的。到了如今，欧洲的国家果然都因为战争破了产了。然而一班应负责任的玄学家、教育家、政治家却丝毫不肯悔过，反要把物质文明的罪名加到纯洁高尚的科学身上，说他是"务外逐物"，岂不可怜！

中国人的"精神文明"

许多中国人不知道科学方法和近三百年经学大师治学的方法是一样的。他们误以为西洋的科学，是机械的、物质的、向外的、形而下的。庚子以后，要以科学为用，不敢公然诽谤科学。欧战发生，这种人的机会来了。产生科学的欧洲要破产了！赶快抬出我们的精神文明来补救物质文明。他们这种学说自然很合欧洲玄学家的脾胃。但是精神文明是样什么东西？张君劢说："自孔孟以至宋元明之理学家侧重内心生活之修养，其结果为精神文明。"我们试拿历史来看看这种精神文明的结果。

提倡内功的理学家，宋朝不止一人，最明显的是陆象山一派，不过当时的学者还主张读书，还不是完全空疏。然而我们看南渡时士大夫的没有能力、没有常识，已经令人骇怪。其结果叫我们受野蛮蒙古人统治了一百年，江南的人被他们屠割了数百万，汉族的文化几乎绝了种。明朝陆象山的嫡派是王阳明、陈白沙。到了明末，陆王学派，风行天下。他们比南宋的人更要退化：读书是玩物丧志，治事是有伤风雅。所以顾亭林说他们"聚宾客门人之学者数十百人……与之言心言性。舍多学而识以求一贯之方，置四海之困穷不言，而终日讲危微精益之说。"士大夫不知古又不知今，"养成娇弱，一无所用。"有起事来，如痴子一般，毫无办法。陕西的两个流贼，居然做了满清人的前驱。单是张献忠在四川杀死的人，比这一次欧战死的人已经多了一倍以上，不要说起满洲人在南方几省作的孽了！我们平心想想，这种精神文明有什么价值？配不配拿来作招牌攻击科学？以后这种无信仰的宗教，无方法的哲学，都被前清的科学经师费了九牛二虎之力，还不曾完全打倒；不幸到了今日，欧洲玄学的余毒传染到中国来，宋元明言心言性的余烬又有死灰复燃的样子了！懒惰的人，不细心研究历史的实际，不肯睁开眼睛看着所谓"精神文明"究竟在什么地方，不肯想想世上可有单靠内心修养造成的"精神文明"；他们不肯承认所谓"经济史观"，也还罢了，难道他们也忘记了解那"衣食足而后知礼节，仓廪实而后知荣辱"的老话吗？

言心言性的玄学，"内心生活之修养"，所以能这样哄动一般人，都因为这种玄谈最合懒惰的心理，一切都靠内心，可以否认事实，可以否认论理与分析。顾亭林说的好：

"……躁竞之徒，欲速成以名于世，语之以五经，则不愿学；语之以白沙阳明之语录，则欣然矣。以其袭而取之易也。"

我们也可套他的话，稍微改动几个字，来形容今日一班玄学崇拜者的心理：

"今之君子，欲速成以名于世，语之以科学，则不愿学；语之以柏格森杜里舒之玄学，则欣然矣。以其袭而取之易也。"

结　论

我要引胡适之《五十年世界之哲学》上的一句话来做一个结论。他说：

"我们观察我们这个时代的要求，不能不承认人类今日最大的责任与需要，是把科学方法应用到人生问题上去。"

科学方法，我恐怕读者听厌了。我现在举一个例来，使诸君知道科学与玄学的区别。

张君劢讲男女问题，说"我国戏剧中十有七八不以男女恋爱为内容"。他并没有举出什么证据；大约是起于他"良心之自动，而决非有使之然者也"。我觉得他得出的问题很有研究的兴味。一时没有材料，就拿我厨子看的四本《戏曲图考》来做统计，这四本书里面有二十出戏，十三出与男女恋爱有关。我再看《戏曲图考》上面有"刘洪升、杨小楼秘本"几个字，想到一个须生、一个武生的秘本，恐怕不足以做代表。随手拿了一本《缀白裘》来一数，十九出戏，有十二出是与男女恋爱有关的。我再到了一个研究曲本的朋友家里，把他架上的曲本数一数，三十几种，几乎没有一种不是讲男女恋爱的。后来又在一个朋友家中借得一部《元曲选》，百种之中有三十九种是以恋爱为内容的；又寻得汲古阁的《六十种曲》，六十种之中竟也有三十九种是以恋爱为内容的！张君劢的话自然不能成立了。这件事虽小，但也可以看出那"主观的、直觉的、综合的、自由意志的、单一性的"人生观是建筑在很松散的泥沙之上，是经不起风吹雨打的。我们不要上他的当！